AF404004

NOTICE GÉNÉALOGIQUE

sur la Maison

de Chastenet de Puysegur

DE CHASTENET DE PUYSEGUR

Armes : *D'azur au chevron d'argent, accompagné, en pointe, d'un lion passant léopardé d'or, au chef de même*. Couronne de duc. Supports : deux licornes. Devise : *Spes mea Deus*.

NOTICE GÉNÉALOGIQUE

sur la Maison

de Chastenet de Puysegur

AVANT-PROPOS

LA *filiation exacte de la maison* DE CHASTENET DE PUYSEGUR *donnée par La Chenaye-Desbois s'arrête à l'année 1775. Je me suis proposé, dans cette* notice, *de la compléter jusqu'à nos jours en y joignant un résumé des illustrations qui se rattachent à cette maison.*

En dehors de quelques documents privés, tous les éléments de ce travail ont été empruntés à La Chenaye-Desbois, à Saint-Simon, à l'ouvrage de M. le marquis de Biosseville intitulé : Etude sur les Puysegur, *et au livre de M. le vicomte de* Brimont *publié sous le titre de :* M. de Puysegur et l'Eglise de Bourges.

C'est un livre de famille que je destine à mes enfants comme à tous les héritiers du nom de Puysegur. Ils y trouveront réunis et condensés tous les renseignements qui pourront leur être utiles sur leur origine en même temps qu'un exposé succinct des services rendus par notre famille. Ils y verront

que si plusieurs de leurs derniers ascendants ont eu leur car-
rière brisée ou entravée par les révolutions successives, ils
n'en ont pas moins continué à servir leur pays avec les moyens
laissés à leur disposition. Leur dévouement, pour avoir été
plus obscur, n'en porte pas moins le mérite du devoir accompli.

ROBERT DE PUYSEGUR.

Juillet 1904

La Maison
de Chastenet de Puysegur

UYSEGUR, race d'ancienne chevalerie. Ce
nom militaire rappelle à la mémoire
tout un cortège de pages, de damoi-
seaux et de chevaliers, de vaillants bles-
sés et de vaillants tués dans les sièges
et dans les combats rangés, des gouverneurs de places
fortes, des mestres de camp de cavalerie, des colonels
d'infanterie, des brigadiers des armées, des maréchaux
de camp; tantôt un capitaine des gardes du duc de Lorraine, un autre du comte d'Artois; tantôt un inspecteur
général de l'infanterie ou un directeur général de la cavalerie; un gouverneur de division militaire; cinq lieutenants généraux, un ministre de la guerre, et, au sommet
du trophée, un maréchal de France. Un écrivain con-
sommé dans les recherches généalogiques et dans l'art

de blasonner ne se contenterait pas de relever toute cette variété de grades dans huit grandes pages de La Chenaye-Desbois. Il énumérerait encore les chevaliers de Saint-Jean de Jérusalem, les chevaliers de Malte, les chevaliers et les commandeurs de Saint-Louis, deux grands-croix de cet ordre et deux chevaliers du Saint-Esprit. Puis, abordant les honneurs de cour et les dignités civiles et ecclésiastiques, il rencontrerait des négociateurs de traités de paix, un grand sénéchal d'Armagnac, un chambellan de Charles de Navarre et un échanson de Philippe le Bel, un ami d'Henri IV, des gentilshommes de la chambre, sous des règnes que des siècles ont séparés; un député aux Etats généraux de 1789; un pair de France sous la Restauration; en 1848, un membre de l'Assemblée nationale, de nos jours six officiers ou chevaliers de la Légion d'honneur.

Dans l'ordre religieux : des membres de chapitre éminents, un abbé de Saint-Epvre, un général des prêtres de la Doctrine Chrétienne, un archevêque.

Enfin, pour couronner tant de titres, une descendance authentique d'Eléonore de Navarre et de la maison de Foix.

Eh bien! ce n'est pas encore tout cela réuni que nous venons signaler; c'est un privilège plus rare pour une race guerrière, c'est le don d'écrire transmis de père en fils pendant cinq générations.

Si la devise des Puysegur n'était pas *Spes mea Deus,* on serait tenté de leur conseiller *Ense et libro* ou *Per gladium et calamum.*

(Extrait de l'Étude sur les Puysegur,
par le marquis DE BLOSSEVILLE.)

CHAPITRE PREMIER

Branche des seigneurs de Puyferrier.

A maison de Chastenet de Puysegur est originaire du Bas-Armagnac. Elle a pris son nom du lieu de Castaneto, appelé en français Castayet dans une charte du chapitre de Nogaro en 1062; depuis, de ou du Castanhed, Castanet, Chastanet et Chastenet. Cette terre est située entre Nogaro-sur-la-Midouze, Saint-Mont-sur-l'Adour et les lieux de Saint-Griède, Mauritcherre et Saint-Martin-lès-Nogaro; elle est passée par alliance à la maison d'Armagnac sur la fin du XIVe siècle.

Plus tard, en 1225, lorsqu'une branche de la famille de Chastenet fut s'établir en Limousin, elle orthographia son nom Chastenet. Cette branche a formé toutes celles qui subsistent aujourd'hui. Elle est restée deux cent cinquante ans en Limousin et y a possédé quatorze seigneuries importantes. Emeric de Chastenet, cité parmi les chevaliers qui suivirent saint Louis à sa seconde croisade, devait très probablement appartenir à cette branche.

Le premier des seigneurs de Chastenet dont on a connaissance et une filiation suivie prouvée par titres, est :

I. PIERRE DE CHASTENET, chevalier, seigneur du dit lieu et château de Chastenet, qui avait eu, pour bienfaiteur de ses enfants, Vital de Chastenet, chevalier, son grand-oncle, suivant un acte de vente qu'il fit au nom de ses enfants, donataires dudit Vital, leur grand-grand-oncle, d'une maison située au lieu de Pouy-Draguin, en Bas-Armagnac, par contrat du mois de juin 1186.

Pierre eut pour enfants :

1. VITAL DE CHASTENET, II° du nom, chevalier, qui a continué la branche des seigneurs de Chastenet en Armagnac.

VITAL DE CHASTENET, III° du nom, son fils, damoiseau, rendit au comte d'Armagnac hommage du château et terre de Chastenet ainsi que du territoire de la Roque en 1319. Il laissa :

GÉRAUD DE CHASTENET, damoiseau, 1364, qui eut :

1. ANSELME DE CHASTENET, père de :

GUYON DE CHASTENET, mort sans postérité ;

2. LUCIE DE CHASTENET, mariée, en 1355, à BÉRAUD DE FAUDOAS, chevalier, seigneur d'Avensac, dont elle eut *Réale de Faudoas*, dame de Chastenet, femme de *Pierre d'Armagnac*, chevalier, à qui elle porta la dite terre de Chastenet par héritage de Guyon, son cousin ;

3. GUILLAUME-PIERRE DE CHASTENET, religieux à l'abbaye de Moissac, 1377.

2. JACQUES DE CHASTENET, chevalier, auteur de la branche des seigneurs de Chastenet de Puysegur, père de :

PIERRE DE CHASTENET, II° du nom, damoiseau, son fils, père de :

BERNARD DE CHASTENET, chevalier, confédéré du pays de Foix, en 1338, et chambellan du roi de Navarre en 1365, qui eut :

JEAN DE CHASTENET, né en 1377, l'un des gentilshommes qui jurèrent, en 1449, le traité de paix entre les maisons d'Albret et de Grammont.

Celui-ci eut pour fils :

ROGER DE CHASTENET, chevalier, né en 1402, qui testa à Bordeaux, en 1459, en faveur des enfants qu'il eut de JEANNE DE LORDAT, savoir :

1. JOSEPH DE CHASTENET, mort sans postérité ;

2. BERNARD DE CHASTENET, prêtre, prieur au diocèse de Lectoure ;

3. Et FRANÇOISE DE CHASTENET, mariée à N... DE LA LANDE, chevalier, seigneur des Praux.

3. Et GUY DE CHASTENET, qui suit, établi en Limousin dans le XIIIᵉ siècle, auteur de la branche des seigneurs de Chastenet de Puysegur, quatrième branche, de laquelle en sont sorties trois autres.

II. GUY DE CHASTENET, chevalier, troisième fils de Pierre, chevalier, seigneur de Chastenet en Bas-Armagnac, reçut de Hugues de Ramnulphe, du lieu de Julhac, en Limousin, la promesse qu'il lui donnerait en mariage sa fille avec une grosse dot, par acte des nones de mai 1225. Il fit don perpétuel à Bertrand, chanoine du Chastelar, et à la maison de Charbonnières, dont il était recteur, des dîmes qu'il possédait dans les paroisses de Mellet, de Fribes et de Sainte-Marie, ce qui est prouvé par l'acte d'investiture d'Adémar, fils du vicomte de Limoges, en date du mois de septembre 1231.

Guy vivait encore en 1278, époque de l'existence de

Jean de Chastenet, chantre du Dorat, un des exécuteurs testamentaires d'Issembert de la Feuillée, abbé du Dorat, et qui présida à la confection des statuts de son chapitre. Il y a apparence que le chantre du Dorat était parent de Guy de Chastenet, qui l'attira en Limousin, et qu'il fut parrain et donateur de Jean de Chastenet, fils aîné de Guy, car il s'appela, comme lui, Jean, et hommagea les mêmes biens qu'avait possédés ce chantre du Dorat.

Guy eut d'ALMODIE DE RAMNULPHE, fille de Hugues :

1. JEAN DE CHASTENET, qui suit ;
2. AUDOUIN DE CHASTENET ;
3. Et ANSELME DE CHASTENET, échanson de Philippe le Bel, qui, selon une charte mentionnée par Marion, dans son XIIIᵉ Plaidoyer, p. 515, lui assigna sur son trésor du Temple, à Paris, une rente annuelle de trente livres, à titre d'hérédité perpétuelle pour lui et ses hoirs nés et à naître en légitime mariage.

III. JEAN DE CHASTENET, Iᵉʳ du nom, chevalier, seigneur de la Pléau, de Lage, de la Maison-Rouge et de quelques fiefs dans la châtellenie de Nieul, en Limousin, reçut une donation d'Audouin et d'Anselme de Chastenet, ses frères, du consentement et vouloir de Guy de Chastenet, chevalier, leur père, le mercredi avant la fête de saint Georges, l'an 1279. Il rendit hommage à l'évêque de Limoges pour les biens et terres qu'il possédait dans la châtellenie de Nieul, le 4 avril 1296. Il eut pour fils :

IV. JEAN DE CHASTENET, IIᵉ du nom, damoiseau, puis chevalier, seigneur de la Pléau, etc., qui était en 1313, le jeudi veille de la fête de saint Pierre, apôtre, sous la curatelle d'Étienne Celeroni, qui, à la dite époque, rendit, pour lui et comme tuteur de son frère, hommage à l'évêque de Limoges, des terres qu'ils avaient dans la dite châtellenie. Jean, IIe du nom, rendit hommage des mêmes terres le 18 janvier 1328, et eut pour fils :

V. JEAN DE CHASTENET, IIIe du nom, chevalier, seigneur de la Pléau, etc., qui, se trouvant au lieu de Peyzac, en Limousin, le 6 février 1369, vendit plusieurs fiefs et rentes à Adémar de la Rivière, seigneur de Saint-Bonet. Il servit de témoin, le 13 février 1389, pour une quittance respective entre le seigneur de Baure, chevalier, et Jean de Chambaret; s'obligea envers un religieux de Saint-Augustin de Limoges pour soixante-sept sols six deniers, par acte du 15 avril 1390; et rendit hommage à l'évêque de Limoges de plusieurs fiefs et terres, le 16 février 1391. Il passa une transaction le 3 mars 1394, au nom de sa seconde femme, avec Jean Eydelin, prêtre, chapelain de l'église paroissiale de Doradour, et Guy de Poitevin, damoiseau.

Il épousa : 1° N..., et 2° GUIOTTE DE SÉCHAUD.

Du premier lit il eut :

1. HELIE DE CHASTENET, qui suit;
2. GUILLEMETTE DE CHASTENET, mariée à PIERRE DE ROFFINHAC, auxquels les dits Jean de Chastenet, chevalier, et Hélie de Chastenet, son fils, damoiseau, assignèrent en dot le domaine de la Graulière, paroisse de Beyssenac, par acte du mois de février 1388.

Et du second lit vinrent :

3 et 4. PIERRE et JEAN DE CHASTENET, morts jeunes et sans postérité;
5. Et CATHERINE DE CHASTENET, dame de la Pléau, etc.,

épouse d'ÉTIENNE DE PRINSAUD, damoiseau, suivant un accord passé le 3 janvier 1447 entre lui, comme mari de la dite damoiselle, et Ithier du Coudrier, aussi damoiseau.

VI. HÉLIE DE CHASTENET, Ier du nom, damoiseau, seigneur de Puyferrier, fonda un anniversaire et des prières au chapitre Saint-Junien, en Limousin, le 15 avril 1390; fut témoin, le 9 mars 1392, à une transaction entre Jourdain Riquot, seigneur de Moygon, et Pierre de Magnac, damoiseau; acquit une rente de quarante sols de Marguerite de Beaufort, dame de Bançon, par acte du 5 avril 1399; et le lieu de Montet, de noble Aymon de Saint-Martin, seigneur de Rochelisoux, par acte du 4 juillet de la même année.

Hélie, Ier du nom, eut d'ADE DE LANDRIGE :

1. PIERRE DE CHASTENET, seigneur de Villars, et habitant de Noint ainsi que son fils :
   Autre PIERRE DE CHASTENET, damoiseau,
   parcequ'ils furent légataires de tous les biens qu'Hélie Ier y possédait.
2. JEAN DE CHASTENET, co-seigneur de l'Isle-Jourdain, âgé de vingt-cinq ans, représentant ses frères mineurs en 1408;
3. JACQUES DE CHASTENET, seigneur de la Boutière en 1417;
4. HÉLIE DE CHASTENET, qui suit;
5. GUILLAUME DE CHASTENET, seigneur de Favet, selon un accord de 1459, père de :
   1. SIMON DE CHASTENET, seigneur de la Grelière;
   2. LOUIS DE CHASTENET, seigneur de la Roderie;
   3. Et MARGUERITE DE CHASTENET, mariée à JEAN DE LÉPINE, damoiseau.
6. GUYNOT DE CHASTENET, seigneur de la Grelière par acte de 1426;
7. Et MARGUERITE DE CHASTENET, aînée du précédent.

VII. HÉLIE DE CHASTENET, IIe du nom, chevalier, seigneur de Puyferrier, est compris dans le paiement que fit aux chartreux de Mortemart Jean de Chastenet, damoiseau, son frère aîné, par acte du 11 avril 1408, et dans l'acensement fait par le même Jean et par Pierre de Landrige, damoiseau, leur oncle, le 8 septembre 1408. Hélie, IIe du nom, fit un accord pour lui et pour les enfants de Guillaume de Chastenet, seigneur de Favet, le 28 février 1459; et un autre pour lui et pour Jean, son frère, le 5 novembre suivant.

Hélie eut pour enfants :

1. JEAN DE CHASTENET, qui suit. Son père et lui transigèrent avec noble Pierre de Roche le 15 avril 1460;
2. Et un autre fils, aussi nommé JEAN DE CHASTENET, seigneur de la Grelière et de la Tour-Balantru, père de :
    JACQUES DE CHASTENET, seigneur de la Tour-Balantru et de la Grelière, marié à MARGUERITE DE BAILHIER, vivants l'un et l'autre à Brac en 1558. Il mourut sans postérité;
    Et JEANNE DE CHASTENET, damoiselle, dame de la Tour-Balantru, mariée à FRANÇOIS DE GUILHOMMETE, écuyer, seigneur de Magoudard et de Puyrobin, vivants ensemble en 1524.

VIII. JEAN DE CHASTENET, IVe du nom, chevalier, seigneur de Puyferrier et de la Boutière, consentit, du vouloir d'Hélie, son père, le susdit accord de 1460; rendit hommage pour la terre de la Boutière, le 2 janvier 1486, et pour les dimes et prémices qu'il possédait à l'Isle-Jourdain sur la Vienne, le 20 novembre 1487.

Il épousa : 1° N..., et 2° DOMINGE DE LA LANDE, qui testa, le 28 septembre 1507, en faveur de son fils unique, Nicolas. Elle était fille de N... de la Lande, chevalier, seigneur des Praux, et de Françoise de Chastenet.

Du premier lit vinrent :

1. Jean de Chastenet, seigneur de Saint-Paixent et de la Boutière ;
2. François de Chastenet, qui suit.

Et du second lit :

3. Nicolas de Chastenet, auteur de la branche des seigneurs de Puysegur, rapportée ci-après.

IX. François de Chastenet, chevalier, seigneur de Puyferrier, de la Grande et Petite-Rye, épousa : 1° Françoise d'Étourneau, et 2° Jeanne d'Escars, qui lui apporta la terre de Puysegur.

De ce second mariage vint :

Madeleine de Chastenet, dame de Puyferrier, etc., mariée à René de Turpin, chevalier, qui en eut *Jacques de Turpin*, seigneur de Puyferrier, etc., père de *Jeanne de Turpin*, dame de Puyferrier, mariée à *N... de Londex*, ainsi seigneur de Puyferrier et de Vayrac en Limousin, dont la famille s'est éteinte vers 1774.

Ruines du château de Puységur, près Sainte-Christie (Gers).

CHAPITRE II

Branche

des seigneurs de Puysegur et de Campsègue.

IX. NICOLAS DE CHASTENET, écuyer, seigneur de Puysegur après la mort de son frère, donna quittance, le 3 février 1509, à Pierre de Ruffier, à raison de son administration des biens de défunts Dominge de la Lande et Jean de Chastenet, chevalier, seigneur de Puyferrier et de la Boutière, ses père et mère; reconnut tenir plusieurs biens du roi et de la reine de Navarre, le 17 janvier 1534; leur rendit hommage des terres de Puysegur et de Campsègue le 27 janvier 1541; présenta son aveu à leur sénéchal d'Armagnac le 13 mai de la dite année; fit son testament le 29 janvier 1548 et son codicile le 8 mars 1549.

Il avait épousé GÉRAUDE DE FOASSIN, dont:

1. JOSEPH DE CHASTENET, mort sans postérité;
2. BERNARD DE CHASTENET, qui suit;

3. François de Chastenet, prêtre, religieux dominicain;

4. Jean de Chastenet, chanoine de Lectoure;

5. Autre François de Chastenet, mort sans enfants;

6. Jean de Chastenet, le jeune, exempt des gardes du roi Henri II, qui, ayant été envoyé par ce prince vers le duc de Lorraine, pour capitaine de ses gardes, se maria dans le Palatinat, où il s'établit et eut postérité dont descend directement :

> Barthélemy de Chastenet de Puysegur, maréchal des camps et armées du roi de France, qui le déclara de l'ancienne maison de Chastenet de Puysegur par lettres du mois d'août 1701. Il avait épousé, en 1702, Henriette de Chastenet, fille de Jacques de Chastenet, chevalier, seigneur de la Coupète.

7, 8. Et deux filles.

X. Bernard de Chastenet, chevalier, seigneur de Puysegur et de Campsègue, gentilhomme ordinaire de la chambre du roi et grand vice-sénéchal d'Armagnac, servit avec distinction, durant les troubles et les guerres de la religion, le roi de Navarre Henri IV, qui l'honora d'une estime particulière, ainsi qu'on le voit par les lettres que ce prince lui écrivit en 1577, 1578, 1583 et 1585.

Il fit son testament le 26 septembre 1600, et avait épousé, le 30 août 1556, Marguerite de Pins, fille d'Hector de Pins, seigneur du Bourg, dont la maison a donné deux grands-maîtres de l'ordre de Saint-Jean-de-Jérusalem, l'un en 1294, et l'autre en 1355.

Il eut entre autres enfants :

1. Jean de Chastenet, qui suit;

2. Hérard de Chastenet, auteur de la branche des comtes de Puysegur, seigneurs de Barrast, rapportée ci-après;

3. Pierre de Chastenet, tige de la branche des barons de

Puysegur, seigneurs de la Coupète, mentionnée après les autres;

Et plusieurs filles, dont une mariée à BERNARD DE GARROS, duquel elle eut deux filles : l'une mariée à *N... de Marcous*, et l'autre à *N... de Mengin*.

XI. JEAN DE CHASTENET, V° du nom, chevalier, seigneur de Puysegur et de Campsègue, fit hommage des dites terres le 6 juillet 1611, et testa le 15 octobre suivant.

Il avait épousé, le 3 septembre 1590, MADELEINE D'ESPAGNE, fille d'Onuphre d'Espagne, baron de Ramefort, et de Catherine de Saman, et petite-fille de Charles d'Espagne et de Marie d'Aure; celle-ci fille aînée de Jean d'Aure, vicomte d'Aster (sorti puiné des comtes de Comminges), et de Jeanne de Foix, fille de Gaston IV, comte de Foix, et d'Éléonore d'Aragon, roi et reine de Navarre. Elle disputa longtemps la seigneurie de Montespan à Paule d'Espagne, sa cousine.

De cette alliance vinrent :

1. JEAN DE CHASTENET, qui suit;
2. PIERRE DE CHASTENET, père de :
    1. BERNARD DE CHASTENET, capitaine de cavalerie, mort à Dôle, en Franche-Comté;
    2. ODE DE CHASTENET, chanoine et archidiacre de Lectoure;
    3. JEANNE DE CHASTENET, mariée à N... DE LA COUR;
    4. MARGUERITE DE CHASTENET, carmélite;
    5. FRANÇOISE DE CHASTENET, mariée à N... D'ESPIAU, dont : *N... d'Espiau*, mariée sans postérité, et une fille, mariée à *N... de Petit*, capitaine de cavalerie et chevalier de Saint-Louis, dont deux garçons et deux filles;
3. JOSSE DE CHASTENET, seigneur de Campsègue, capitaine, tué à Lectoure, où il commandait, laissant deux fils, aussi

tués au service, l'un desquels avait un fils chanoine de
Lectoure;

4. JACQUES DE CHASTENET (père du maréchal de France,
chevalier des ordres), auteur de la branche des marquis
de Puysegur, vicomtes de Buzancy, rapportée ci-après;

5. JOSEPH DE CHASTENET, seigneur de la Grange, capitaine
au régiment de Piémont, tué au service;

6. JEAN-PIERRE DE CHASTENET, lieutenant au régiment de
Normandie, tué à l'assaut de Saint-Affrique en Rouergue.

7. NICOLAS DE CHASTENET, mort sans postérité;

Et huit filles, dont deux furent religieuses.

XII. JEAN DE CHASTENET, VIe du nom, chevalier, seigneur de Puysegur, fut nommé vice-sénéchal d'Armagnac, de Comminges, de Rivière-Verdun et de Bigorre,
par lettres de Louis XIII du 13 avril 1623.

Il avait épousé, par contrat du 19 février 1614, retenu
par La Pèze, notaire de Lectoure, MARIE DE CÈRE, dont,
entre autres enfants :

XIII. JEAN DE CHASTENET, VIIe du nom, chevalier,
seigneur de Puysegur, gentilhomme ordinaire de la
chambre du roi, marié, par contrat passé le 24 juillet
1631, devant Delas, notaire royal de Sainte-Christine, à
GABRIELLE DE TARSSAC, fille de Jean-Jacques de Tarssac,
baron de Montberaut, dont :

XIV. JEAN-LOUIS DE CHASTENET, chevalier, seigneur
de Puysegur et de la Grange, qui épousa, par contrat du
8 août 1655, LOUISE D'AIGNAN, et eut :

XV. LOUIS DE CHASTENET, chevalier, seigneur de

Puysegur, marié, par acte du 25 octobre 1688, à MARIE DE ROQUETTE, dont il laissa :

ANNE-THÉRÈSE DE CHASTENET, dame de Puysegur, mariée à GILLES-GERVAIS DE LA ROCHE, marquis de Gensac, dont :

Jacques de la Roche, marquis de Gensac, marié à *Anne-Jeanne-Amable de Caulet-Grammont*, de laquelle vint *Anne-Jeanne-Thérèse-Josèphe de la Roche-Gensac*, née en 1754, héritière de la terre de Puysegur et mariée, le 28 avril 1773, à *Louis-Adélaide-Anne-Joseph de Montmorency*, comte de Laval.

C'est ainsi que le château et la terre de Puysegur sont tombés dans la maison de Montmorency-Laval.

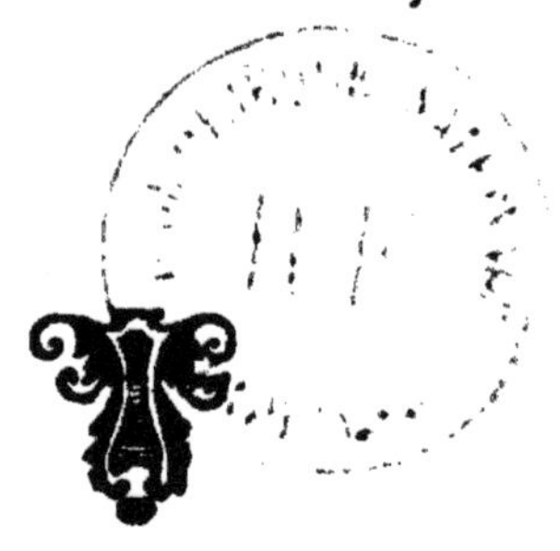

CHAPITRE III

Branche des marquis de Puysegur, vicomtes de Buzancy, en Soissonnais.

Écartelé : au **1**, d'argent au lion de gueules, armé et lam-
passé d'azur, à la bordure de sinople chargée d'écussons d'or
bordés de gueules, qui est d'Espagne; brisé d'un croissant
sur la cuisse du lion, qui est Ramefort; au **2**, de gueules à
trois flèches en pal abaissées d'or, empennées et armées d'argent, qui est d'Aster; au **3**, de gueules à trois pommes de

pin d'or *2 et 1*, qui est de Pins; *au 4, d'azur à trois molettes d'or 2 et 1*, qui est du Bois-du-Liège; *sur le tout, d'azur au chevron d'argent accompagné en pointe d'un lion passant léopardé d'or, au chef de même*, qui est de Chastenet de Puysegur.

XII. JACQUES DE CHASTENET, chevalier, seigneur vicomte de Buzancy et d'Aconin, était le quatrième fils de Jean de Chastenet, V° du nom, chevalier, seigneur de Puysegur, et de Madeleine d'Espagne, et petit-fils de Bernard de Chastenet, chevalier, seigneur de Puysegur et de Campsègue, et de Marguerite de Pins. Lieutenant général des armées du roi et auteur de *Mémoires*, né en 1600, mort en 1682. Sa biographie est rapportée plus loin.

Il avait épousé : 1° ANTOINETTE DE VARLET, et 2° MARGUERITE DU BOIS-DU-LIÈGE, fille de Jacques du Bois, chevalier, seigneur de Bernoville et de Liège, capitaine des tours du Havre et de la Rochelle, le 14 avril 1644.

Du premier lit il eut sept garçons :

Le premier laissa plusieurs enfants, l'aîné desquels, colonel de cavalerie, fut marié et laissa postérité qui est éteinte;

Le second fut lieutenant-colonel du régiment de cavalerie de Royal-Cravate;

Le troisième, capitaine de cavalerie;

Les quatre autres n'ont pas eu de postérité.

Du second lit vinrent :

1, 2, 3. Trois enfants morts sans postérité;

4. JACQUES DE CHASTENET, qui suit.

5. N... DE CHASTENET DE PUYSEGUR, abbé de Saint-Epvre, diocèse de Toul;

6. MARGUERITE DE CHASTENET, chanoinesse de Remire-mont;

7. FRANÇOISE DE CHASTENET, mariée à LOUIS DE POLAS-TRON-LA-HILLÈRE, brigadier des armées du roi, dont : *Henriette-Françoise de Polastron*, femme de *Jacques-Antoine*, comte *d'Aumale*, de Picardie, seigneur de Petit-Bois, colonel d'infanterie et chevalier de Saint-Louis. De cette alliance vinrent, entre autres enfants : *Louis*, comte *d'Aumale*, seigneur de Petit-Bois; et quatre filles, dont deux mariées : l'une nommée *Marie-Angélique-Augustine-Armande d'Aumale*, femme de *Gabriel-Florent*, marquis *de la Tour*, seigneur de Saint-Paulet, en Languedoc; l'autre, appelée *Édouarde-Rosalie d'Aumale*, sous-gouvernante des Enfants de France en 1776, épouse du vicomte *d'Aumale*, seigneur du Mont-Notre-Dame, son cousin, capitaine de hussards au régiment de Bercheny;

8 et 9. Deux filles, religieuses à l'abbaye royale d'Origny.

XIII. JACQUES DE CHASTENET, IIe du nom, chevalier, marquis de Puysegur, comte de Chessy, vicomte de Buzancy, premier quart-comte de Soissons, seigneur de Bernoville, Ezonville et Cessereux, maréchal de France, chevalier des ordres du roi, etc., auteur de *l'Art de la Guerre*, né le 13 août 1659, mort le 15 août 1743. Sa biographie est rapportée plus loin.

Il avait épousé, le 23 septembre 1714, JEANNE-HENRIETTE DE FOURCY, née le 9 novembre 1692, morte le 17 décembre 1737, fille aînée d'Henri-Louis, comte de Chessy, et de Jeanne de Villars, dont :

1. FRANÇOIS-JACQUES DE CHASTENET, qui suit;

2. JEANNE-HENRIETTE DE CHASTENET, née le 29 août 1715, mariée, le 20 mars 1736, à CHARLES-FRANÇOIS DE NETTANCOURT, comte de Vaubecourt. Ils n'ont pas eu d'enfants.

3. MARIE-ANNE DE CHASTENET, née le 21 septembre 1719,

Château de Buzancy, près Septmonts (Aisne).

mariée, le 21 avril 1740, à PIERRE-AUGUSTE-ALPHONSE
DE CIVILLE, seigneur de Saint-Mars et de Buchy;

4. Et HÉLÈNE-ADÉLAÏDE DE CHASTENET, née le 5 février
1726, morte en août 1748, qui avait épousé, le 16 mars
1744, le marquis DE CHOISY-MOIGNEVILLE en Lorraine.

XIV. FRANÇOIS-JACQUES DE CHASTENET, chevalier,
marquis de Puysegur, vicomte de Buzancy et premier
quart-comte de Soissons, lieutenant général, comman-
deur de l'ordre royal et militaire de Saint-Louis, né le
22 septembre 1716, mort en 1782. Sa biographie est
rapportée plus loin.

Il avait épousé, le 26 juin 1742, MARIE-MARGUERITE
MASSON, fille de Gaspard-François Masson, chevalier,
président au parlement de Paris, et de Marguerite Chevalier, morte le 17 janvier 1760.

Ils eurent :

1. ADOLPHE-AUGUSTE-MAXIME DE CHASTENET, né le 27 septembre 1749, mort jeune;

2. ARMAND-MARC-JACQUES DE CHASTENET, qui suit;

3. ANTOINE-HYACINTHE-ANNE, comte DE CHASTENET DE
PUYSEGUR, rapporté après son ainé;

4. PIERRE-JACQUES-MARIE DE CHASTENET, né le 1ᵉʳ août
1754, mort jeune;

5. JACQUES-MAXIME-PAUL, vicomte DE CHASTENET DE PUY-
SEGUR, rapporté après ses ainés;

6. HENRIETTE-MARIE DE CHASTENET, née le 26 septembre
1745, morte jeune;

7. ANNE-ANGÉLIQUE-LOUISE DE CHASTENET, née le 30 octobre 1746, morte jeune;

8. ANTOINETTE-LOUISE-MAXIME DE CHASTENET, née le
1ᵉʳ novembre 1748, mariée, le 4 novembre 1766, à AN-
TOINE-NICOLAS-FRANÇOIS VIDARD, marquis de Saint-
Clair en Poitou, baron de Maire en Champagne, mestre de
camp de cavalerie et chevalier de Saint-Louis;

9. Élisabeth-Marie-Louise de Chastenet, née le 22 février 1752, mariée à N... Le Pelletier, comte d'Aunay, mestre de camp de dragons, dont : *Charles-Louis Le Pelletier*, et une fille;

10. Adélaïde-Marguerite-Louise de Chastenet;

11, 12, 13. Trois autres enfants, morts jeunes.

XV. Armand-Marc-Jacques de Chastenet, chevalier, marquis de Puysegur, vicomte de Buzancy, comte de Guerchy, diocèse d'Auxerre, maréchal de camp d'artillerie, chevalier de Saint-Louis, célèbre propagateur du magnétisme animal, né à Paris le 1er mars 1751, mort à Buzancy le 1er août 1825. Sa biographie est rapportée plus loin.

Il avait épousé, en 1781, Marguerite Baudard de Saint-James, morte à Marcoussis le 18 février 1837, fille de Claude Baudard, seigneur de Saint-James, trésorier général de la marine. Ce mariage fut célébré par Jean-Auguste de Chastenet de Puysegur, alors évêque de Carcassonne. De ce mariage :

1. Jacques-Paul-Alexandre de Chastenet, qui suit;

2. Marie-Amélie de Chastenet, née à Paris le 3 décembre 1782, morte à Soissons le 15 août 1841, mariée, le 12 janvier 1801, à Charles-Joseph-Gaucher-Guillaume-Valérien, comte de Noue. Elle en eut trois fils, dont l'aîné fut le général de division comte *de Noüe*, et une fille, la baronne *de Rothiacob*;

3. Julie-Armandine de Chastenet, née en 1786, mariée à son oncle le comte Maxime de Puysegur;

4. Cécile-Élisabeth de Chastenet, née le 21 janvier 1793, mariée, en 1816, à Jean-Camille, comte de Loynes d'Auteroche, morte en 1849, laissant trois fils et une fille, la baronne *de Marguerit*;

5. Pauline-Barbe de Chastenet, née en 1797, mariée, en

avril 1826, au comte Louis-Henri de Labbay de Viella, contre-amiral, membre du conseil d'amirauté, morte à Paris, en mars 1827. Elle a laissé une fille unique, la marquise *de la Baume-Pluvinel*.

XV. Antoine-Hyacinthe-Anne de Chastenet de Puysegur, connu sous le nom de *comte de Chastenet*, second fils du marquis François-Jacques de Puysegur. Né le 14 février 1752, enseigne de vaisseau du roi, commandant une corvette en 1776, il dressa et publia, en 1787, le grand atlas géographique et hydrographique intitulé : *Le Pilote de Saint-Domingue et des Débouquements de cette Isle*. D'une mission antérieure aux îles Canaries, où il visita, au péril de sa vie, les cavernes des Ganches à Ténériffe, le comte de Chastenet rapporta de très belles momies; il émigra en 1791, joignit l'armée de Condé, passa au service du Portugal, où il devint contre-amiral de la flotte portugaise, sauva le roi de Naples Ferdinand IV et sa famille, en les recevant à son bord, et les conduisit en Sicile (1793). Il rentra en France en 1803 et mourut à Paris le 20 janvier 1809.

Il avait épousé, en 1780, Antoinette-Louise-Claire de Ricouart d'Hérouville, morte le 14 mars 1832, dont un fils unique, qui suit.

XVI. Anne-Jacques-Ladislas de Chastenet de Puysegur, connu sous le nom de *comte Jacques de Puysegur*, né au château de Colmoulin le 1ᵉʳ novembre 1787, membre du conseil général d'Indre-et-Loire, a mérité une vraie célébrité dans l'art de la vénerie. Il avait fait rentrer dans les domaines de sa famille la terre de Puysegur, tombée depuis de longues années en quenouille, mais cette terre a été vendue à la mort de son fils aîné. Le comte Jacques est mort à Tours le 2 mai 1844.

Il avait épousé, en mai 1810, PAULINE DE CHARITTE, fille unique du comte Charles de Charitte, vice-amiral et cordon-rouge, morte à Tours le 25 mars 1867.

De ce mariage, quatre fils et trois filles :

1. JACQUES-MARIE-RENÉ DE CHASTENET DE PUYSEGUR, rapporté ci-après ;
2. JACQUES-LÉOPOLD DE CHASTENET DE PUYSEGUR, rapporté ci-après ;
3. JACQUES-ARMAND DE CHASTENET DE PUYSEGUR, rapporté ci-après ;
4. JACQUES-PHILIPPE-AUGUSTE DE CHASTENET DE PUYSEGUR, rapporté ci-après ;
5. MARIE-ANTOINETTE-CHARLOTTE-APOLLINE DE CHASTENET DE PUYSEGUR, née le 17 avril 1811, mariée, le 9 février 1832, à AUGUSTIN-MARIE-FAUSTIN THIBAUT DE LA CARTE, marquis de la Ferté-Senectère, dont quatre fils et deux filles ;
6. MARGUERITE-MARIE DE CHASTENET DE PUYSEGUR, née le 21 juillet 1820, mariée, le 28 octobre 1845, à ARMAND-LOUIS-RAOUL, comte DE MARTEL DE DÉLINCOURT, dont un fils unique ;
7. MARIE-PAULINE-ÉLISABETH DE CHASTENET DE PUYSEGUR, née le 21 juillet 1821, mariée, en mai 1849, à GONZALVE DE CRÉPIN, comte DE BILLY. De ce mariage, deux fils et trois filles.

XVII. JACQUES-MARIE-RENÉ DE CHASTENET DE PUYSEGUR, connu sous le nom de *comte René de Puysegur*. Né en septembre 1816, il avait épousé : 1", le 28 avril 1848, ALIÉNOR-MARIE-RAYMONDE DE MAILLY-NESLE, morte à Nice le 28 février 1851, laissant une fille qui ne lui a survécu que quelques mois ; 2°, le 12 juillet 1858, MARIE-STÉPHANIE-ANNA FORMONT, morte le 15 août 1893, dont il n'a pas eu postérité. A la mort de son cousin, le marquis Maurice, colonel du 9° dragons, en 1879, le comte René de Puysegur est devenu marquis de Puysegur. Il est mort, sans laisser de postérité, au château de Beugny (Indre-et-Loire), le 5 février 1895.

XVII. JACQUES-LÉOPOLD DE CHASTENET DE PUYSEGUR, connu sous le nom de *comte Léopold de Puysegur*, né le 8 juin 1818, marié à EMMA DE BULOW, veuve du comte de Görtz, décédée le 14 septembre 1893. Il avait cinquante-trois ans au moment de l'invasion prussienne, en 1870; il se distingua par sa hardiesse, sa bravoure et son énergie; il fut fait chevalier de la Légion d'honneur pour sa belle conduite pendant la guerre. Cathelineau avait institué par testament Léopold de Puysegur son successeur. « Cela fait, dit-il, je pouvais mourir tranquille. » A la mort de son frère, le marquis René, il devint marquis de Puysegur. Il est mort le 16 juillet 1901, sans laisser de postérité.

XVII. JACQUES-ARMAND DE CHASTENET DE PUYSEGUR, connu sous le nom de *comte Armand de Puysegur*, né le 23 février 1823, marié, en juin 1854, à LOUISE-MARIE-CORNÉLIE DES NOYERS DE COOLS, sœur du général de division, commandant de corps d'armée. Il est mort le 25 septembre 1887, laissant :

> 1. JACQUES-MARIE-RENÉ-BERNARD DE CHASTENET, comte DE PUYSEGUR, né le 13 juin 1858, engagé volontaire au 20° régiment de dragons, officier de réserve. Il est mort le 14 janvier 1890. Il avait épousé, le 7 juin 1884, MARIE-JEANNE-CHARLOTTE-ISABELLE DE CADIER DE VEAUCE, dont :

      1. JACQUES-MARIE-ARMAND-JEAN DE CHASTENET DE PUYSEGUR, qui suivra;

      2. Et MARTHE DE CHASTENET DE PUYSEGUR.

2. FRANÇOIS-JACQUES-MARIE-ANTOINE DE CHASTENET DE PUYSEGUR, comte François de Puysegur, né le 6 janvier 1861, ancien officier de cuirassiers, marié, le 15 octobre 1895, à ANTONIE DE LONGEVILLE;

3. MARIE DE CHASTENET DE PUYSEGUR, morte en 1867;

4. BERNADETTE DE CHASTENET DE PUYSEGUR.

XVII. JACQUES-PHILIPPE-AUGUSTE DE CHASTENET DE PUYSEGUR, connu sous le nom de *comte Philippe de Puysegur*, né le 25 juillet 1823, officier de hussards, mort à Blois le 7 novembre 1870. Il avait épousé, en juin 1855, MARIE-AMÉLIE DE MAULÉON-NARBONNE, dont :

      1. MARIE-JACQUES-ANTOINE-AUGUSTIN DE CHASTENET, *comte Jacques de Puysegur*, capitaine au 3ᵉ chasseurs, chevalier de la Légion d'honneur, marié, le 30 mai 1893, à ALEXANDRINE-LAURE-MARIE DONJON DE SAINT-MARTIN;

      2. LOUISE DE CHASTENET DE PUYSEGUR, mariée à ANTONIN DANLOUX, consul général de France;

      3. MARGUERITE DE CHASTENET DE PUYSEGUR, mariée au comte JOSEPH D'HÉLIAND;

      4, 5, 6, 7. Et HENRIETTE, ÉLISABETH, ADRIENNE et MADELEINE DE CHASTENET DE PUYSEGUR.

XV. JACQUES-MAXIME-PAUL DE CHASTENET DE PUYSEGUR, connu sous le nom de *comte Maxime de Puysegur*, troisième fils du marquis François-Jacques. Né à Paris le 15 septembre 1755, capitaine-commandant au régiment des hussards de Chamborant en 1784, colonel en second du régiment de Languedoc en garnison à Bayonne, il s'occupa de magnétisme et publia un *Avis aux Magnétiseurs*, ainsi qu'un rapport de cures opérées. Son nom a été donné à une des rues de la ville de Bordeaux. Il y avait rempli les fonctions d'adjoint du comte Lynch, maire de Bordeaux, et d'inspecteur général des gardes nationales de la Gironde. Sous la Restauration, il fut nommé gentilhomme honoraire de la chambre et lieutenant général. De la terre d'exil, le fils de Charles X lui envoya le cordon bleu. Il est mort à Bordeaux le 28 septembre 1848.

Il avait épousé : 1°, le 23 février 1789, ANNE-MARGUERITE-MARIE-ADÉLAÏDE DE PICHARD, morte à Bordeaux, en 1803, sans enfants; 2°, en 1810, JULIE-ARMANDINE DE CHASTENET DE PUYSEGUR, sa nièce, morte le 23 juillet 1843.

De ce mariage sont issus :

1. JACQUES-ANATOLE DE CHASTENET DE PUYSEGUR, connu sous le nom de *comte Anatole de Puysegur*, né à Bordeaux en 1813, page du roi Charles X, mort à Bordeaux le 17 juillet 1851. Il avait épousé, le 20 mars 1837, MARIE-FRANÇOISE DAUDÉ D'ALZON, fille du vicomte d'Alzon, ancien député du Gard. De ce mariage :

    1. MAXIME-MARIE-ALEXANDRE DE CHASTENET DE PUYSEGUR, mort sans alliance.

    2. ALIX DE CHASTENET DE PUYSEGUR, religieuse carmélite;

    3. JACQUES-CLOTILDE-JEAN DE CHASTENET DE PUYSEGUR, *comte Jean de Puysegur*, né le 16 mai 1841, ancien zouave pontifical, membre du Conseil général du département de l'Hérault, marié, le 1ᵉʳ août 1872, à CLOTILDE-JUSTINE DE POURROY DE L'AUBERIVIÈRE DE QUINSONAS, fille d'Emmanuel, comte de Quinsonas, et de Marie de Boquestant. De ce mariage :

        1. EMMANUEL-JACQUES-GHISLAIN DE CHASTENET DE PUYSEGUR, né en 1885, mort au berceau;

        2. MARIE-CLOTILDE-ISABELLE DE CHASTENET DE

PUYSEGUR, née le 28 avril 1873, mariée, le 17 juin 1896, au comte MARIE-LOUIS-LAURENT-ROBERT HAROUARD DE SUARÈS D'AULAN, fils du feu comte Marie-Charles-Henri et de Valérie-Jeanne-Françoise Philpin de Piépape;

3. ALIX-CLOTILDE-APOLLINE DE CHASTENET DE PUYSEGUR, mariée, le 14 juin 1894, à MARIE-JOSEPH-PIERRE-CHRISTIAN DE CLÉREL, comte DE TOCQUEVILLE;

4. ISABELLE-CLOTILDE DE CHASTENET DE PUYSEGUR.

2. JOSEPH-JACQUES-LADISLAS DE CHASTENET DE PUYSEGUR, *comte Ladislas de Puysegur*, marié, en 1844, à HENRIETTE-THÉRÈSE-FANNY DE BEAUMONT DE VERNEUIL, morte à Rennes le 15 janvier 1874. Il est mort sans postérité;

3. JACQUES-FRANÇOIS-THÉOPHILE DE CHASTENET DE PUYSEGUR, connu sous le nom de *vicomte Théophile de Puysegur*, né le 25 juillet 1817, auditeur au Conseil d'état, a publié, en 1850, un opuscule politique intitulé : *Dieu et la Patrie*, mort à Bordeaux le 19 décembre 1867. Il avait épousé, le 20 mars 1840, MARIE-CATHERINE-CLOTILDE FOUCHER DE BRANDOIS, petite-fille du premier président Séguier, morte à Paris le 30 mars 1848. De ce mariage :

1. JACQUES-MARIE-EHRARD DE CHASTENET DE PUYSEGUR, *comte Ehrard de Puysegur*, né en 1844, officier de cavalerie dans la guerre de 1870, marié, le 25 juillet 1872, à MARIE-LOUISE-HILTRUDE-GHISLAINE DE WIGNACOURT, fille d'Alof-Marie-Florent, marquis de Wignacourt, et de Théoduline-Marie-Ghislaine de Mérode. Il est mort au château de Beauval, le 23 décembre 1882, laissant :

1. JACQUES-MAXIME DE CHASTENET DE PUYSEGUR, né le 13 mai 1873;

2. FRANÇOIS DE CHASTENET DE PUYSEGUR;

3. ALBERTINE DE CHASTENET DE PUYSEGUR;

4. THÉODULINE DE CHASTENET DE PUYSEGUR.

   2. JACQUES-GUY-JOSEPH DE CHASTENET DE PUYSEGUR, *vicomte Jacques de Puysegur*, né à Paris le 12 mars 1848, marié, le 7 juillet 1875, à MARIE-CLAUDE DE GRATET DU BOUCHAGE, mort à Paris le 20 mai 1881, laissant une fille :

      MARGUERITE DE CHASTENET DE PUYSEGUR, mariée au prince ROGATIEN DE FAUCIGNY-LUCINGE.

   3. MARGUERITE-MARIE-ANTOINETTE DE CHASTENET DE PUYSEGUR, née le 8 octobre 1845, morte en 1878, mariée, le 16 janvier 1866, à DIDIER-ANDRÉ DES HAYES, vicomte DE GASSART.

   4. JACQUES-BASILE-MAURICE-MAXIME DE CHASTENET DE PUYSEGUR, né en 1824, mort le 26 novembre 1853, sans alliance.

XVI. JACQUES-PAUL-ALEXANDRE DE CHASTENET, marquis DE PUYSEGUR, vicomte de Buzancy, seul fils du marquis Armand-Marc-Jacques. Né à Strasbourg le 27 février 1790, il servait, en 1807, au siège de Stralsund, dans le régiment des chevau-légers belges, levé aux frais du duc Prosper d'Arenberg, ami de la famille. L'année 1809 le trouva à l'école d'équitation de Versailles, comme sous-lieutenant détaché de ce régiment devenu le 27ᵉ de chasseurs, et, à la fin de 1811, il comptait deux ans de services à l'armée d'Espagne, toujours dans le même corps. Rentré en France en 1813, il est à Dresde, capitaine-aide de camp de La Tour-Maubourg, à la journée de Leipsick, capitaine-commandant avec rang de chef d'escadron au 2ᵉ régiment de chevau-légers-lanciers, puis officier supérieur de la garde royale, lieutenant-colonel du 4ᵉ régiment de hussards dans la guerre d'Espagne de 1823, chevalier de Saint-Louis, officier de la Légion d'honneur. En 1830, il donna sa démission. Il publia en 1840 un livre intitulé : *De l'action divine sur les événements humains. Leçons tirées de l'histoire pour servir à l'étude de l'état social du XIX° siècle.* Il est mort à Paris, le 6 mai 1846.

Il avait épousé, en février 1821, ANTOINETTE-GASPARINE D'HENNEZEL, morte à Buzancy le 21 janvier 1834, fille d'Emanuel, comte d'Hennezel, et de Valentine de Bercheny.

De ce mariage :

1. JACQUES-MAURICE DE CHASTENET DE PUYSEGUR, qui suit;

2. JACQUES-MAXIME-GASPARD DE CHASTENET, *comte Gaspard de Puysegur,* lieutenant de vaisseau, chef de bataillon de la garde nationale mobile de l'Aisne, officier de la Légion d'honneur, né à Besançon le 7 décembre 1830, mort à Paris le 15 avril 1874. Il avait épousé, le 25 avril 1866, ANTOINETTE-MARIE-HENRIETTE DE BEAUFFORT, fille du baron de Beauffort et de Sidonie de Rochedragon, dont trois filles :

    1. ISAURE-LOUISE-MARIE DE CHASTENET DE PUYSEGUR, née le 19 mai 1869, mariée, le 7 novembre 1891, au vicomte ARTHUR-ERNEST-FRANÇOIS-MARIE BOUCHER DE LA RUPELLE, capitaine breveté d'état-major;

    2. PAULINE-MARIE-SIDONIE DE CHASTENET DE PUYSEGUR, née le 23 octobre 1870, mariée, le 26 juin 1892, au vicomte GÉRARD-FRANÇOIS-JOSEPH-MARIE GARDIN DU BOISDULIER;

    3. HÉLÈNE-HENRIETTE-JOSÉPHINE DE PUYSEGUR, née le 20 mars 1872.

3. MARIE-CLÉMENCE DE CHASTENET DE PUYSEGUR, née le 15 janvier 1834, mariée, le 29 septembre 1852, à ARMAND-JOACHIM, comte DE REVEL DU PERRON.

XVII. JACQUES-MAURICE DE CHASTENET, marquis DE PUYSEGUR, né à Paris le 17 avril 1825, entré à l'école de

Saint-Cyr en 1843, sous-lieutenant au 8e hussards, lieutenant au 4e chasseurs, capitaine au même régiment et officier d'ordonnance de l'empereur Napoléon III, chef d'escadrons au 7e chasseurs en 1858, lieutenant-colonel au 3e chasseurs en 1867. Il prit part à la campagne d'Orient et à l'expédition de Crimée comme officier d'ordonnance du maréchal de Saint-Arnaud; fit campagne en Afrique en 1858 et en 1859, et fit partie du corps expéditionnaire de Rome. Créé officier de la Légion d'honneur le 2 juin 1871, il fut nommé colonel du 9e dragons le 24 octobre 1871, à son retour de Dusseldorf, où il avait passé le temps de sa captivité après la campagne de 1870 contre l'Allemagne. Il est mort à Paris le 7 mars 1879, à la veille d'être nommé général.

Il avait épousé, le 7 décembre 1852, Louise-Hortense-Galatée Le Roy de Saint-Arnaud, morte à Paris le 11 mai 1857, fille du maréchal de France.

Il a laissé deux filles :

1. Eugénie-Louise-Marie de Chastenet de Puysegur, née à Paris le 22 octobre 1853, mariée, le 3 février 1875, à Guillaume-Roger Pélissier de Féligonde;
2. Madeleine-Louise-Marie de Chastenet de Puysegur, née à Buzancy le 9 avril 1856, mariée, en octobre 1879, à Olivier-Charles-Victor-Marie-Joseph, comte de Lorgeril.

XIX. Jacques-Marie-Armand-Jean de Chastenet, marquis de Puysegur, fils de Jacques-Marie-René-Bernard et de Marie-Jeanne-Charlotte-Isabelle de Cadier de Veauce, né à Paris le 31 mars 1885.

CHAPITRE IV

Branche des comtes de Puysegur, seigneurs de Barrast, en Albigeois.

Écartelé : au 1, d'azur au mont de six coupeaux d'argent,
au chef d'or chargé de trois merlettes de sable, qui est de Mua
de Barbazan ; au 2, aux un et quatre d'azur à un coq d'argent,
aux deux et trois de gueules à un lévrier d'or, qui est de Caminade ; au 3, de gueules à trois pommes de pin d'or, 2 et 1,
qui est de Pins ; au 4, de gueules à cinq hermines d'or 3,

2 et 1, qui est de Roux d'Alzonne. *Sur le tout : d'azur au chevron d'argent, accompagné en pointe d'un lion léopardé d'or, au chef de même,* qui est de Chastenet de Puysegur.

XI. HÉRARD DE CHASTENET, chevalier, seigneur de Barrast, second fils de Bernard, chevalier, seigneur de Puysegur et de Campségue, et de Marguerite de Pins, conseiller au parlement de Toulouse, marié, le 17 novembre 1595, à CATHERINE DE FILLERÉ, fille de Laurent de Filleré, co-seigneur d'Esclaquens, et de Catherine d'Aigua.

Dont :

1. JEAN-JACQUES DE CHASTENET, qui suit ;
2. N... DE CHASTENET, capitaine, tué au service.

XII. JEAN-JACQUES DE CHASTENET, chevalier, seigneur de Barrast, conseiller au parlement de Toulouse.

Il épousa, le 11 juillet 1634, MARGUERITE DE ROUX D'ALZONNE, qui testa, le 25 février 1688, en faveur de son mari. Elle était fille de Philippe de Roux et de Jeanne de Toulouse de Saint-Martin, et petite-fille de Raymond de Roux, chevalier, seigneur d'Alzonne, et de Jeanne de Château-Verdun.

Ils eurent pour enfants :

1. PIERRE DE CHASTENET, qui suit ;
2. HERCULE DE CHASTENET, chevalier de Malte, major de Cambrésis et commandant de la ville de Cassal ;
3. PIERRE-HÉRARD DE CHASTENET, aussi chevalier de Malte, selon le procès verbal des preuves faites en langue de Provence le 12 mai 1663 ;
4. MARIE DE CHASTENET, religieuse professe du même ordre à Toulouse.

XIII. Pierre de Chastenet, chevalier, seigneur de Barrast et de Réalmont, testa le 27 avril 1684.

Il avait épousé, le 17 février 1663, Gabrielle de Caminade, fille de Philippe de Caminade, chevalier, seigneur de Montfalzat, président à mortier au parlement de Toulouse, et d'Anne d'Esplats. Elle testa le 1ᵉʳ décembre 1674 en faveur de son mari. C'est cette alliance avec les Caminade qui a amené cette branche des Chastenet de Puysegur en Albigeois, où les Caminade possédaient de grands biens. Une cousine germaine de Gabrielle de Caminade avait épousé le marquis d'Alègre, maréchal de France. Leur fille unique, la comtesse de Rupelmonde, céda plus tard à son cousin Pierre-Hercule de Chastenet, comte de Puysegur, petit-fils de Pierre de Chastenet et de Gabrielle de Caminade, le château de la Castagne, devenu la résidence de la famille de Puysegur en Albigeois.

Pierre laissa deux enfants :

1. Jean-Louis de Chastenet, qui suit ;
2. Jeanne de Chastenet.

XIV. Jean-Louis de Chastenet, chevalier, seigneur de Barrast.

Il épousa, le 13 août 1690, Charlotte de Mua de Barbazan, fille de Jean, baron de Barbazan, sénéchal et gouverneur de Bigorre, et de Marie de Papus. Il fit son testament le 6 octobre 1706, dans lequel il nomma, entre autres enfants, ses deux fils :

1. Pierre-Hercule de Chastenet, qui suit ;
2. Jean-Auguste de Chastenet, général des prêtres de la Doctrine chrétienne.

XV. PIERRE-HERCULE DE CHASTENET, chevalier, comte DE PUYSEGUR, seigneur de Barrast, né le 16 septembre 1694, capitaine de dragons, épousa : 1°, le 29 juillet 1726, JACQUETTE DE PAGÉS DE BEAUFFORT, et 2°, le 25 août 1752, MARIE DE ROUGUÉS.

Du premier lit sont issus :

1. PIERRE-LOUIS DE CHASTENET DE PUYSEGUR, qui suit;
2. BARTHÉLEMY-ATHANASE-HERCULE DE CHASTENET DE PUYSEGUR, rapporté après son aîné;
3. ARMAND-PIERRE DE CHASTENET DE PUYSEGUR, né en 1736, abbé commendataire de Valmagne, chanoine et vicaire général de l'église d'Albi;
4. JEAN-AUGUSTE DE CHASTENET DE PUYSEGUR, archevêque de Bourges, député du clergé aux états généraux. Sa biographie est rapportée plus loin;
5. N. DE CHASTENET, mariée à M. DE BUSSEUIL, marquis DE SAINT-SERNIN;
6. N. DE CHASTENET, appelée *mademoiselle de Puysegur;*

Du second lit sont issus :

7. JEAN-MARIE-HERCULE DE CHASTENET DE PUYSEGUR, rapporté après ses aînés;
8. JEAN-MARIE-LOUIS DE CHASTENET DE PUYSEGUR, mort à vingt-six ans, le 7 octobre 1784, grand vicaire du cardinal de la Rochefoucauld, archevêque de Rouen;
9. MARIE-JULIENNE-VICTOIRE DE CHASTENET DE PUYSEGUR, mariée, le 20 juin 1779, à FRANÇOIS, marquis DE PREISSAC-MARAVAT.

XVI. PIERRE-LOUIS DE CHASTENET, chevalier, comte DE PUYSEGUR, baron de Salvagnac et de Puycelsi, seigneur de Barrast, lieutenant général, grand-croix de Saint-Louis, ministre de la guerre, commandant en chef des provinces d'Artois et de Picardie, né le 30 décembre

1727, mort le 15 octobre 1807. Il avait épousé : 1°, le 16 avril 1760, MARIE-FRANÇOISE-COLETTE LE DANOIS DE CERNAY, fille de François-Marie, marquis de Cernay, lieutenant général des armées du roi et grand maréchal héréditaire du Hainaut, et veuve de son cousin François-Joseph Le Danois, marquis de Joffreville; 2° Mᶖᵉ DE MOSTUÉJOULS DE ROCQUEVIEILLE, veuve de M. d'Orcival, morte à Rabastens en octobre 1807. Il ne laissa pas de postérité. Sa biographie est rapportée plus loin.

XVI. BARTHÉLEMY-ATHANASE-HERCULE DE CHASTENET, chevalier, vicomte DE PUYSEGUR, marquis de Trevien, comte de Montplaisir, baron de Salvagnac et de Puycelsi, co-seigneur avec le roi de la ville de Monestier, né le 23 novembre 1729, mort en 1803. Sa biographie est rapportée plus loin.

Il avait épousé, en 1765, ANGÉLIQUE-ANNE-CHARLOTTE DE PETIT, dame DE PETIT-VAL, morte en avril 1775.

Ils eurent pour enfants :

1. PIERRE-GASPARD-HERCULIN DE CHASTENET DE PUYSEGUR, qui suit;
2. CHARLES-JACQUES-LOUIS-MAXIME DE CHASTENET DE PUYSEGUR, rapporté après son aîné;
3. AUGUSTE-ATHANASE DE CHASTENET DE PUYSEGUR, rapporté après ses deux frères;
4. ANGÉLIQUE-LOUISE-ELISABETH DE CHASTENET DE PUYSEGUR, née en 1766, mariée au marquis DE RESSÉGUIER.

XVI. JEAN-MARIE-HERCULE DE CHASTENET, comte DE PUYSEGUR, lieutenant général, chevalier de Malte et de Saint-Louis, capitaine des gardes d'une des deux compagnies du comte d'Artois, né le 26 avril 1758, mort

Château de la Castagne, à Rabastens (Tarn).

sans alliance, le 19 mars 1820, aux Tuileries. Sa biographie est rapportée plus loin.

XVII. PIERRE-GASPARD-HERCULIN DE CHASTENET, comte DE PUYSEGUR, pair héréditaire de France, chevalier de Saint-Louis, fils aîné de Barthélemy-Athanase-Hercule de Chastenet, vicomte de Puysegur, et d'Angélique-Anne-Charlotte de Petit de Petit-Val, né à la Rochelle le 4 août 1769, mort à Rabastens le 10 février 1848. Entré à l'Ecole militaire en 1784, il servit quelques années, puis émigra et faillit périr à Quiberon. Rentré en France, il se retira à Rabastens, y fonda plusieurs œuvres de charité et y devint le bienfaiteur des pauvres. A la mort de son oncle, le capitaine des gardes, il fut nommé pair héréditaire de France (23 décembre 1823), comme aîné de sa branche. Il était membre du conseil général du Tarn.

Il avait épousé, le 12 mai 1791, GABRIELLE-FLORENCE DUNCKER DE COHEM, morte à Paris le 28 avril 1889, dont il eut :

1. JULES-GASPARD DE CHASTENET DE PUYSEGUR, capitaine de carabiniers, né le 10 septembre 1799, mort en 1830. Il avait épousé, le 6 mai 1829, EULALIE DE THOLOZAN, veuve du Paul-...-Claude Feydeau, marquis de Brou. De ce mariage, une fille unique :

JULES-MARIE DE CHASTENET DE PUYSEGUR, née en 1830, mariée, le 31 décembre 1849, à CLÉMENT-GUSTAVE-MARIE DE BAILLARDEL, baron DE LAREINTY, fils du baron de Lareinty, conseiller d'état et intendant général de la marine. Il a été longtemps sénateur et président du conseil général de la Loire-Inférieure. En 1870, il commandait un bataillon de mobiles; sa conduite héroïque pendant la guerre, sous

> les murs de Paris, lui valut la croix d'officier de la Légion d'honneur.
>
> 2. Zoé-Alexandrine-Auguste de Chastenet de Puysegur, née en 1802, morte le 14 novembre 1851, mariée, en 1821, à Charles-Amédée-Antoine-Joseph, marquis de Montcalm-Gozon;
>
> 3. Gabrielle-Mélite de Chastenet de Puysegur, mariée, le 28 novembre 1832, à Amédée-Jean-Guichard-Bruno, baron de Scorbiac.

XVII. Charles-Jacques-Louis-Maxime de Chastenet, comte de Puysegur, chevalier de Malte, chevalier de Saint-Louis et de la Légion d'honneur, second fils de Barthélemy-Athanase-Hercule de Chastenet, vicomte de Puysegur, et d'Angélique-Anne-Charlotte de Petit de Petit-Val. Né le 11 janvier 1773, il émigra en 1790, était à Quiberon. Il prit du service en Prusse, où il fut honoré des bontés de Guillaume III, qui le nomma son chambellan en 1798. Chargé, en 1807, d'une négociation avec le gouvernement français, il la fit heureusement aboutir. Une brillante carrière diplomatique s'ouvrit devant lui, lorsque sa patrie, qu'il venait de revoir, lui parla plus haut que l'ambition. Il rentra en France en 1809. Sous la Restauration, il fut successivement sous-préfet de Gaillac et préfet des départements des Landes, de la Dordogne et du Tarn-et-Garonne. En 1830, il donna sa démission et se retira en Albigeois, où il est mort, le 6 juin 1839.

Il avait épousé, en 1799, Louise-Albertine-Wilhelmine *alias* Wilhelmine-Amélia de Gottberg.

De ce mariage sont issus :

1. Charles-Louis-Guillaume de Chastenet de Puysegur, qui suit :

2. AUGUSTE-LÉOPOLD, comte DE CHASTENET-PUYSEGUR, né le 8 mai 1806, page du roi Louis XVIII, lieutenant des grenadiers à cheval de la garde royale, démissionnaire en 1830. Il est mort au château de Bellevue (Tarn), le 22 mai 1871. Il avait épousé, le 18 mai 1839, LOUISE-MARIE-THÉRÈSE-SOPHIE DE BLACAS-CARROS. De ce mariage une fille :

    SOPHIE-MARIE, mariée : 1°, le 1ᵉʳ août 1879, à FRANÇOIS-LOUIS-OTTO, baron DE LOE ; 2°, le 19 juillet 1894, à EMMANUEL, prince VOGORIDY.

3. ADÈLE DE PUYSEGUR, mariée à PAUL-ÉDOUARD, baron DE SAFFIN.

XVII. AUGUSTE-ATHANASE DE CHASTENET, vicomte DE PUYSEGUR, troisième fils de Barthélemy-Athanase-Hercule et d'Angélique-Anne-Charlotte de Petit de Petit-Val. Né le 5 avril 1774, d'abord émigré, il rentra en France pendant les temps orageux de la Révolution et fut alors incarcéré. Rendu à la liberté, il vécut aimé et estimé à Rabastens, dont il accepta plus tard la mairie. Il mourut en 1824.

Il avait épousé, en 1804, AMÉLIE-ÉLÉONORE-JOSÉPHINE O'KELLY-O'FARRELL, d'une des plus anciennes familles catholiques d'Irlande.

Ils eurent pour enfants :

1. VICTOR-MARIE-AUGUSTE DE CHASTENET, vicomte DE PUYSEGUR, né à Rabastens le 14 février 1808, auditeur au conseil d'état, démissionnaire en 1830, représentant du peuple en 1848 ; il est mort le 2 mars 1866. Il avait épousé LOUISE-SOPHIE-AMÉLIE DE MARIN, dont :

    1. BERNARD DE CHASTENET, vicomte de Puysegur, né en 1840, mort en 1891. De son mariage, vers 1865, avec VALENTINE D'UTAUT, décédée à Quillac le 8 avril 1879, il a laissé deux enfants :

        1. ARMAND DE CHASTENET DE PUYSEGUR ;

        2. AMÉLIE DE CHASTENET DE PUYSEGUR.

> 2. GASPARD-LAZARE-MARIE DE CHASTENET, *vicomte Gaspard de Puysegur*, né en 1844, marié, le 18 novembre 1866, à JEANNE-MARIE-CÉCILE GERVOY.
>
> 2. LOUISE-ELÉONORE DE CHASTENET DE PUYSEGUR, née en 1807, morte le 14 avril 1882, mariée à MICHEL-FRANÇOIS-GABRIEL DE BELLOMAYRE;
>
> 3. PAULINE DE CHASTENET DE PUYSEGUR, née en 1811, morte à Toul le 12 février 1887, mariée au comte D'ADHÉMAR DE CRANSAC.

XVIII. CHARLES-LOUIS-GUILLAUME DE CHASTENET, comte DE PUYSEGUR, connu sous le nom de *comte Karl de Puysegur*. Né le 10 avril 1801, fils aîné de Charles-Jacques-Louis-Maxime de Chastenet, comte de Puysegur, et de Louise-Albertine-Wilhelmine de Gottberg. Entré dans les compagnies rouges en 1816, lieutenant dans les grenadiers à pied de la garde royale, capitaine d'infanterie, a fait la campagne d'Espagne de 1823, et a donné sa démission en 1830. Il est mort le 21 septembre 1873.

Il avait épousé, en 1833, MARIE-GRACE DE LABAT DE VIVENS, morte le 2 mars 1873, dont :

> 1. ROBERT-CHARLES DE CHASTENET DE PUYSEGUR, qui suit;
>
> 2. JEANNE-LOUISE-ROBERTINE DE CHASTENET DE PUYSEGUR, fille de la Charité de Saint-Vincent-de-Paul, née en 1834, morte le 14 décembre 1886;
>
> 3. MARGUERITE-ADÈLE DE CHASTENET DE PUYSEGUR, mariée, le 1er février 1860, à FRANÇOIS D'ALBIS, vicomte DE GISSAC, morte le 1er janvier 1903;
>
> 4. JULES-GASPARD DE CHASTENET DE PUYSEGUR, né en 1842. Engagé volontaire au 5e régiment de hussards, a fait la campagne du Mexique, sous-lieutenant au même régiment pendant la guerre de 1870. Il est mort au château de l'Islefort, le 16 octobre 1883. Il avait épousé, le 10 octobre 1867, MARIE-THÉRÈSE DU SAULT, dont :

1. NOEL DE CHASTENET DE PUYSEGUR, né le 25 décembre 1869.
2. HÉRARD DE CHASTENET DE PUYSEGUR, né le 23 février 1871, marié à SUZANNE DE CONDAMY.

XIX. ROBERT-CHARLES DE CHASTENET, comte DE PUYSEGUR, né le 10 avril 1836, entré à l'école militaire de Saint-Cyr le 1ᵉʳ octobre 1855, sous-lieutenant le 1ᵉʳ octobre 1857 au 5ᵉ régiment de hussards en Algérie, a fait la campagne d'Italie et a donné sa démission en se mariant. A commandé la 2ᵉ légion de mobilisés du département des Hautes-Pyrénées pendant la guerre de 1870, a été maire de Bagnères-de-Bigorre de 1884 à 1889.

Il a épousé : 1°, le 9 juin 1862, MARIE-THÉRÈSE-MARTHE DE LARSONNEAU, morte le 28 mai 1885, et 2°, le 29 juillet 1893, MARIE-ANTOINETTE-SOPHIE CAPELLE, petite-fille du baron Capelle, ministre sous Charles X, morte le 17 février 1895.

Du premier mariage sont issus :

1. JEANNE-MARIE-CAROLINE DE CHASTENET DE PUYSEGUR, née le 4 juin 1865, mariée, le 4 mars 1890, à GUSTAVE MENJOT, vicomte DE CHAMPFLEUR, morte le 17 février 1901 ;
2. MARIE-ISIDORE-RENÉE DE CHASTENET DE PUYSEGUR, née le 9 février 1866, mariée, le 31 janvier 1888, au comte HENRI D'ESPOUS DE PAUL ;
3. MARIE-JULES-KARL DE CHASTENET DE PUYSEGUR, né le 2 décembre 1868, entré à l'école militaire de Saint-Cyr le 1ᵉʳ octobre 1888, sous-lieutenant au 2ᵉ régiment d'infanterie de marine en 1890, envoyé en Indo-Chine en 1892, lieutenant au 11ᵉ régiment d'infanterie de marine, décoré de la médaille du Tonkin, s'est distingué particulièrement dans la campagne du Siam et a trouvé la mort dans les ra-

pides du Mékong le 27 juillet 1893, au moment où il venait d'être proposé pour la croix de chevalier de la Légion d'honneur. Sa biographie est rapportée plus loin.

4. HÉLIE-PIERRE DE CHASTENET DE PUYSEGUR, qui suit.

XX. HÉLIE-PIERRE DE CHASTENET, vicomte DE PUYSEGUR, né le 27 août 1874, entré à l'École militaire de Saint-Cyr le 1er octobre 1894, sous-lieutenant au 5e régiment de cuirassiers le 1er octobre 1896, lieutenant au 7e régiment de hussards.

Il a épousé, le 22 mars 1904, MARIE-LOUISE-CLAIRE-HENRIETTE DE CAMINADE DE CHATENET, née le 26 août 1882.

CHAPITRE V

Branche des barons de Puysegur en Armagnac, seigneurs de la Coupète.

XI. Pierre de Chastenet, chevalier, seigneur de la Coupète, troisième fils de Bernard, chevalier, seigneur de Puysegur, et de Marguerite de Pins, épousa, par contrat du 7 décembre 1595, passé devant La Pèze, notaire royal, Gabrielle de Benot, dont :

XII. Jacques de Chastenet, chevalier, seigneur de la Coupète, marié, par contrat du 24 mai 1644, à Madeleine du Bourg, dont, entre autres enfants :

XIII. Guillaume de Chastenet, chevalier, baron de Puysegur, seigneur de la Coupète, qui épousa, par acte du 1ᵉʳ mai 1683, Claire de Montlezun, dont :

1. Alexandre de Chastenet de Puysegur, qui suit;

2. Jean-François de Chastenet de Puysegur, chevalier, qui a épousé Marie de Grossolles de Flamarens, dont :

1. Jean de Chastenet de Puysegur, prêtre, ancien doyen et chanoine honoraire du chapitre royal de Lens en Artois, prévôt de celui d'Aire, aussi en Artois, et vicaire général d'Arras et de Saint-Omer ;

2. Rose-Françoise de Chastenet de Puysegur, mariée, en 1770, à Jean-Baptiste de Morlas, écuyer, seigneur des Francs, mère de *Jean ;*

3. Louise-Françoise de Chastenet de Puysegur ;

4. Marie-Rose de Chastenet de Puysegur ;

5. Marguerite de Chastenet de Puysegur.

XIV. Alexandre de Chastenet, chevalier, baron de Puysegur et de la Coupète, a épousé, en 1724, Marie-Claire de Mesplez, dont :

1. Jacques de Chastenet de Puysegur, qui suit ;

2. Claire de Chastenet, mariée à François, marquis de Montpezat, seigneur de l'Estelle, de Pecholy et du Pesqué, d'où : *Guillaume-Alexandre,* marquis *de Montpezat,* et *Jacques,* chevalier *de Montpezat,* tous deux mousquetaires supprimés avec leur compagnie.

XV. Jacques de Chastenet, chevalier, baron de Puysegur, né en 1740, capitaine réformé au régiment de Périgord-cavalerie, à la paix, et au régiment provincial de Rodez en 1776.

Cette branche est éteinte.

La maison de Chastenet de Puysegur a fait, devant le juge d'armes de France, ses preuves pour les honneurs de la Cour.

Notices Biographiques

I

Jacques de Chastenet, chevalier, seigneur de Puysegur, vicomte de Buzancy et d'Aconin, colonel du régiment de Piémont et lieutenant général des armées du roi, né en 1600, mort en 1682.

ACQUES DE CHASTENET DE PUYSEGUR était, de quatorze enfants, le quatrième fils de Jean V de Chastenet, chevalier, seigneur de Puysegur et de Campségue, et de Madeleine d'Espagne. D'abord page de M. de Guise, il quitta les chausses, en 1617, pour entrer dans les gardes par la protection du duc d'Epernon, son parent.

Il passa successivement par tous les grades, depuis celui d'anspessade, et ne dut qu'à son mérite personnel sa fortune militaire, bien justifiée par les quarante-cinq années qu'il passa à servir son pays.

Il devint successivement mestre de camp du régiment de Piémont, conseiller, maitre d'hôtel ordinaire du roi, maréchal des camps et armées du roi, lieutenant général, gouverneur de Berghes. En 1648, il reçut l'ordre de prendre le commandement de l'armée en l'absence du maréchal de Rantzau; en 1651 il fut député pour porter au roi la nouvelle de l'obéissance de l'armée du maréchal d'Aumont.

Il a laissé des *Mémoires,* publiés, en 1690, par André du Chesne, historiographe de France. Ces mémoires embrassent une période de quarante et une années, de 1617 à 1658. Ils donnent des renseignements très détaillés et très intéressants sur les campagnes et les guerres de cette époque; ils abondent d'anecdotes, dont plusieurs peuvent faire apprécier la loyauté et la générosité du caractère de Jacques de Puysegur.

En 1630, lorsque le maréchal de Marillac, qui avait pris le parti de la Reine-Mère, fut arrêté sur l'ordre du roi, la garde en fut confiée à Jacques de Puysegur. Par deux fois différentes on lui fit offrir cent mille écus pour laisser évader son prisonnier. Inutile d'ajouter qu'il refusa toutes ces offres, mais non sans quelque mérite à cette époque si troublée où les capitulations de conscience n'étaient pas rares.

Dans le combat de Castelnaudary, où fut pris le maréchal de Montmorency, un sieur d'Alzo, qui avait deux de ses enfants dans la compagnie de M. de Guitaut, où Puysegur était enseigne, se trouva parmi les prisonniers. « Je demandai au roi, raconte Puysegur dans ses *Mé-*

moires, la confiscation du bien de d'Alzo. Le roi me répondit qu'il y consentait pourvu que je ne le lui rendisse point et que je vendisse tout. Je lui promis et lui jurai que je vendrais tout. Je donnai la charge à un de leurs parents de faire vendre tout ce qui se pourrait, et, comme j'avais promis au roi de ne les donner pas sans tirer quelque chose, je dis à d'Alzo :

« J'ai la confiscation de votre bien; en voilà l'expédition bien signée et bien scellée; j'ai juré que je le vendrais, et je veux pour l'achat de votre bien que vous me donniez en payement un chien couchant. »

« Celui à qui j'ai redonné le bien était un fort honnête homme, et je m'estime heureux d'avoir trouvé à l'obliger. »

Les *Mémoires* de Puysegur nous dévoilent un Louis XIII tout différent de celui que les historiens ont prétendu nous faire connaître : ce n'est plus le prince effacé derrière un cardinal de Richelieu, mais un prince voulant, agissant, soucieux du bien de ses sujets, heureux de récompenser le mérite.

Il nous font voir Louis XIII, qui avait la goutte, gravissant péniblement la brèche d'une place conquise, soutenu sous les aisselles par le Grand-Maître, appuyé d'une main sur l'épaule de Puysegur, de l'autre sur celle de Lambert, et prenant la canne de Puysegur qu'il remet à La Meilleraye en guise de bâton de maréchal. Ils nous peignent dans Louis XIII cette simplicité familière qui caractérisait nos anciens rois, et, pour n'en citer qu'un exemple, laissons encore la parole à l'auteur des *Mémoires :*

« En 1622, Mme la princesse de Piémont vint voir Sa Majesté, qui se mit en devoir de la bien recevoir en lui faisant voir les troupes qui étaient logées dans les montagnes entre Vaussoin et Suze. Le roi me fit l'honneur de me choisir pour aider à les mettre en bataille et en faire l'ordre auparavant, et, comme il y travaillait, il me dit :

« Puysegur, ton habit n'est pas trop beau, je voudrais
« bien que tu en eusses un autre. » Je lui répondis :
« Sire, si Votre Majesté n'avait pas fait laisser tous les
« équipages à Grenoble, j'en aurais un plus beau. — J'y
« ai fait aussi demeurer les miens, » repartit le roi, « et
« n'en ai apporté que trois. Il m'en faut un pour le jour
« que ma sœur arrivera, un autre pour le lendemain, qui
« sera le jour que nous ferons faire l'exercice aux troupes
« devant elle, et le troisième pour le jour qu'elle s'en
« retournera. »

« Il me demanda si l'on ne trouverait pas du galon d'or chez quelque marchand, ou de la natte, qui est un grand passement d'or et d'argent. Je lui répondis que j'en avais vu chez un, que je me ferais faire un haut de chausse de drap sur lequel je ferais coudre de cette natte. « Et moi, » dit le roi, « je te donnerai le collet de buffle « que j'ai sur moi... »

« Voilà de quelle façon je fus habillé le jour que Madame arriva. L'ordre de la réception étant donné, le roi me dit : « Mais tu ne changeras pas d'habit le lendemain « quand nous ferons faire l'exercice. — Non, sire, à « moins que vous ne m'en donniez un des vôtres. — « Comment ferons-nous cela ? » me dit-il. « Sire, vous « pouvez me donner celui que vous aurez mis le jour de « son arrivée. » Il y consentit et me dit de choisir celui que je voudrais qu'il prît. « Celui qu'il vous plaira, sire. « — Non, » me dit-il, « je mettrai celui que tu aimeras « le mieux avoir après que je l'aurai quitté. J'en ai deux

« en broderie, l'un gris et l'autre de couleur de musc ; le
« troisième est d'une écarlate fort belle, chamarrée de
« galon d'or et d'argent, le manteau de même, le pour-
« point chamarré comme les chausses. » Je répondis que
je les avais vus tous trois, mais que ce dernier me sem-
blait plus séant pour qu'il le portât le premier jour à la
tête d'une armée ; que, de plus, il m'accommoderait
mieux que les autres, parce que, quand je l'aurais porté,
je tirerais, de l'or et de l'argent qui est dessus, de quoi
m'en faire faire un tout neuf qui sera fort bon. »

L'épilogue de cette histoire fut que Puysegur se rendit
le soir au coucher du roi afin de prendre possession du
fameux habit, que Roger, premier valet de garde-robe,
ne consentit à lui livrer que sur l'injonction du roi.

Que d'autres traits intéressants il y aurait à relever
dans ces *Mémoires* : le récit touchant des derniers mo-
ments du maréchal de Montmorency, la description de
l'instrument de son supplice! « En ce pays-là (Toulouse),
on se sert d'une doloire qui est entre deux morceaux de
bois, et, quand on a la tête posée sur le bloc, on lâche la
corde ; cela descend et sépare la tête du corps. »

N'est-ce pas exactement la description de la guillo-
tine, et que reste-t-il de l'invention attribuée au docteur
Guillotin?

Pendant ces temps troublés de la Fronde, Jacques de
Puysegur se montra d'une fidélité inébranlable et de-
meura toujours du parti du roi, sans se laisser séduire
par les offres brillantes qui lui furent faites à plusieurs
reprises. Son caractère tout d'une pièce était l'opposé de
celui d'un courtisan ; son refus de se faire l'homme du
cardinal de Mazarin, sa franchise, l'empéchèrent de
pousser plus loin sa fortune militaire, qui prit fin à la

mort de Louis XIII, malgré les recommandations dont il fut l'objet de la part de ce prince auprès de la reine.

Il se retira en 1658 dans sa terre de Buzancy, après quarante-cinq années de service sans discontinuer et toujours en guerre, ayant pris part à plus de cent vingt sièges, à plus de trente combats, batailles ou rencontres, sans jamais avoir été malade, sans avoir reçu aucune blessure. Il est mort en 1682, à l'âge de quatre-vingt-deux ans. Pendant cette longue et glorieuse carrière, trois de ses frères avaient été tués au service.

Outre des *Mémoires*, Jacques de Puysegur a écrit et a laissé des *Instructions militaires* qui ont fait autorité pendant longtemps.

II

Jacques de Chastenet, IIe du nom, chevalier, marquis de Puysegur, comte de Chessy, vicomte de Buzancy, premier quart-comte de Soissons, seigneur de Bernoville, Ezonville et Cessereux, maréchal de France, chevalier des ordres du roi, etc., né en 1659, mort en 1743.

Ici il faudrait une histoire et un historien militaire pour l'écrire. Les documents ne lui manqueraient pas : il les trouverait en nombre aux archives de la Guerre et aux archives de Buzancy. Je regrette de ne pouvoir donner qu'une simple biographie : tous les éléments en sont empruntés à La Chenaye-Desbois, à Saint-Simon, à l'*Etude sur les Puysegur*, publiée en 1873 par M. le marquis de Blosseville.

Jacques II de Chastenet naquit le 13 août 1659. Il commença de servir en 1677, au siège de Cambrai, dans le régiment du Roi-infanterie; il fut blessé au siège de

Philipsbourg en 1688, à la bataille de Steinkerque en 1692, où il fut fait chevalier de Saint-Louis, et à celle de Nerwinde en 1693.

Après la bataille de Fleurus, livrée en 1690, n'étant encore que capitaine au régiment du Roi, il fut choisi pour remplir les fonctions de maréchal-général des logis de l'armée de Flandre sous le maréchal de Luxembourg. Il était consulté sur tous les projets de la campagne et sur leur exécution, fut fait brigadier d'infanterie le 3 janvier 1696, gentilhomme de la manche du duc de Bourgogne, père de Louis XV, en 1698. En 1700, lorsque le duc d'Anjou fut appelé à la couronne d'Espagne, il fut chargé d'aller négocier avec l'électeur de Bavière pour l'entrée des troupes de France dans les places des Pays-Bas où les Hollandais avaient garnison; il exécuta ce projet avec tant de succès que, dans la nuit du 5 au 6 février 1701, les troupes s'emparèrent sans coup férir d'Ostende, de Nieuport, de Gand, d'Ath, d'Anvers, de Bruxelles, Charleroy, Mons, Namur et de Luxembourg.

Il négocia avec les électeurs de Bavière et de Cologne un traité de ligue offensive et défensive, qui fut ponctuellement exécuté jusqu'à la paix d'Utrecht. Fait maréchal de camp le 29 janvier 1702, il fut envoyé en 1703 en Espagne, pour y examiner l'état et les ressources de ce royaume; il y concerta les projets de campagne, et, après y avoir introduit la meilleure discipline, y avoir servi trois années en qualité de directeur général de la cavalerie, de l'infanterie et des dragons, à la satisfaction des rois de France et d'Espagne, Louis XIV le rappela pour aller reprendre ses anciennes fonctions dans l'armée de Flandre. Il fut fait lieutenant général des armées du roi le 26 octobre 1704; pourvu du gouvernement de

Condé en 1707; servit aux sièges de Landau et de Fribourg en 1713; fit la campagne sur le Rhin en 1733; fut nommé en 1734 commandant en chef dans les provinces de Flandre, Hainaut, Artois. Il fut honoré du bâton de maréchal de France le 17 janvier 1735, fait chevalier des ordres du roi en 1739, pourvu du gouvernement de Berghes en 1743, et mourut le 15 août 1743. (La Chenaye-Desbois.)

Formé de bonne heure à l'école de son père, le maréchal de Puysegur avait, comme lui, la passion de l'état militaire. Capitaine à vingt ans dans le régiment du roi, il prit, sur la volonté paternelle, un emploi de simple lieutenant, une aide-majorité, fonction capable de lui procurer plus de connaissance de son métier. Cette profonde connaissance du métier n'échappa point au coup d'œil de Louis XIV, qui, au témoignage de Saint-Simon, distinguait le régiment du Roi-infanterie sur toutes les autres troupes, et s'en mêlait immédiatement comme un colonel particulier.

Le régiment du Roi avait alors des privilèges plus étendus que ceux mêmes des gardes françaises. Deux cents sous-lieutenants hors cadre y étaient attachés. C'était une pépinière d'officiers dont Louis XIV surveillait lui-même l'éducation.

Jacques II de Puysegur passa par tous les grades dans ce corps privilégié, jusqu'à celui de lieutenant-colonel; capitaine encore à Fleurus en 1690, il remplissait déjà les fonctions de maréchal des logis de l'armée, et son mérite spécial dans cet emploi était si incontestablement reconnu que, quarante-trois ans plus tard, lieutenant général depuis vingt-neuf ans et le plus ancien des lieutenants généraux de l'armée, il en remplissait encore, en

1733, les principales fonctions. « Un an, dit-il, après que j'eus commencé à les faire, au retour de chaque campagne, le roi me faisait entrer dans son cabinet, où, par son ordre, je lui rendais compte de tout ce qui s'était passé. Il me communiquait ses idées pour la campagne suivante, et, sur la connaissance que j'avais du pays dont il s'agissait, je lui disais mon sentiment. Il me marquait le nombre de troupes dont son armée était composée et à peu près celle des ennemis. Sa Majesté, après être entrée avec moi dans bien des détails, en conférait ensuite avec son général, puis, après s'être déterminée au parti qu'elle voulait prendre, elle m'ordonnait quelquefois de tracer en conformité le projet par écrit et d'y comprendre toutes les dispositions nécessaires pour le mettre en exécution. Souvent je travaillais seul avec le roi, d'autres fois le général était présent. »

Dans ses *Mémoires*, Saint-Simon, dont les témoignages de bienveillante justice sont assez rares pour avoir une véritable valeur, mentionne souvent Puysegur, et toujours avec l'expression d'une profonde estime. Dans plusieurs passages qui confirment la citation précédente, Saint-Simon le représente comme particulièrement « connu de Louis XIV, avec une sorte de privance que lui avait acquise le rapport continuel au roi des détails de son régiment d'infanterie dont il fut longtemps major et lieutenant-colonel avec la confiance du roi...

« Puysegur, » ajoute-t-il, « qui fait aujourd'hui l'honneur des maréchaux de France, était un simple gentilhomme du Soissonnais, mais de très bonne et ancienne noblesse, du père duquel il y a d'excellents mémoires imprimés, et qui était pour aller fort loin dans la guerre comme dans les affaires. Il avait été l'âme de tout ce que

M. de Luxembourg avait fait de beau en ses dernières campagnes en Flandre, où il était maréchal des logis de l'armée, dont il était le chef et le maitre pour tous les détails de marche, de campements, de fourrages, de vivres, et très ordinairement de plans.

« M. de Luxembourg se reposait de tout sur lui avec une confiance entière, à laquelle Puysegur répondit toujours avec une capacité supérieure, une activité et une vigilance surprenantes, et une modestie et une simplicité qui ne se démentirent jamais dans aucun temps de sa vie ... dans aucun emploi. Elle ne l'empécha pourtant, par aucune considération que ce pût être, de dire la vérité tout haut, et au roi qui l'estimait fort et qui l'entretenait souvent tête à tête, et quelquefois chez Mme de Maintenon, et il sut très bien résister au maréchal de Villeroy et à M. de Vendôme, malgré toute leur faveur, et montrer qu'il avait raison...

« ... Le roi lui fit quitter la lieutenance-colonelle pour s'en servir plus utilement et plus en grand...

« A la valeur, aux talents et à l'application dans toutes les parties militaires, Puysegur joignit toujours une grande netteté de main, une grande équité à rendre justice par ses témoignages, un cœur et un esprit citoyen qui le conduisit toujours uniquement et très souvent au mépris et au danger de sa fortune, avec une fermeté dans les occasions qui la demandèrent souvent, qui ne faiblit jamais et qui jamais ne le fit sortir de sa place.

« Il eut la gloire du projet et de l'exécution de la prise de toutes les places espagnoles des Pays-Bas, toutes au même instant, toutes sans brûler une amorce, toutes en saisissant et désarmant les troupes hollandaises qui en formaient presque toutes les garnisons.

« A la fin, il est devenu maréchal de France à l'applaudissement public, malgré le ministre qui le fit et qui, après une longue résistance, n'osa se commettre au cri public et au déshonneur qu'il aurait fait au bâton s'il ne le lui avait pas donné, et par le bâton il le fit après chevalier de l'ordre, avec les mêmes délais et la même répugnance. » (*Mémoires de Saint-Simon,* vol. VII, p. 137.)

Le maréchal de Puysegur a écrit toute sa vie, et sa carrière se prolongea jusques à quatre-vingt-sept ans. Les nombreux mémoires qu'il eut à placer sous les yeux du roi ne se sont pas retrouvés, les dossiers seuls sont conservés en grand nombre dans les archives de sa famille. Il fut attaché à la maison du duc de Bourgogne et à l'instruction militaire de ce prince après la disgrâce de Fénelon. A l'avènement de la régence, il entra au conseil de la guerre, et c'est sur ses plans qu'ont été construites les casernes du xviiie siècle.

Aux approches de la majorité de Louis XV, il fut choisi pour donner au roi quelques principes de guerre. Ce fut alors qu'il travailla aux mouvements des armées en bataille, dont les mémoires ne sont pas rentrés dans ses portefeuilles.

Du vivant du maréchal, il ne fut publié de lui que des *Ordonnances* pour la discipline des troupes du roi d'Espagne, datées de novembre 1701 et avril 1702. Le général Bardin, dans son *Dictionnaire de l'Armée,* en cite une édition sans lieu ni date : *Ordonnances de Puysegur données par ordre du feu roi.* Il en existe, à Buzancy, une traduction espagnole de 1728, imprimée à Madrid.

L'Art de la Guerre est l'œuvre de ses dernières années. Il a été publié en 1748, cinq ans après la mort du maréchal, par son fils, le marquis de Puysegur, alors colonel du régiment du Vexin. Voltaire en a dit, dans son *Siècle de Louis XIV* : « Il nous a laissé l'*Art de la Guerre*, comme Boileau a donné l'*Art Poétique*. »

Il a paru plusieurs abrégés de l'*Art de la Guerre* : le premier a été publié dès 1750, en deux volumes in-12, par Bottée; en 1758, il a paru une *Étude militaire* contenant la première partie de l'*Art de la Guerre*, avec des observations et des réflexions par le baron de Traverse, brigadier des armées du roi. « Je ne connais pas, » dit le baron de Traverse, « de traité sur la guerre plus méthodique et plus instructif que celui de M. le maréchal de Puysegur. Il contient des règles et des principes qu'il n'est pas permis à un militaire d'ignorer. Comme on trouve dans ce que l'auteur rapporte de sa vie, en son chapitre III, un modèle admirable pour ceux qui devront devenir gens de guerre, j'ai cru devoir le rapporter tout du long. »

Un officier supérieur des plus compétents, Carrion Nisas, en 1824, dans un *Essai sur l'Histoire générale de l'Art militaire*, faisait un grand éloge du maréchal de Puysegur, de ses talents et de sa modestie.

Au moment où se sont décidées les fortifications de Paris, on ne pouvait mettre en oubli que le maréchal de Puysegur avait devancé cette pensée. Aussi les écrivains militaires de notre époque lui ont-ils accordé une sérieuse attention. Dans leur *Bibliothèque historique et militaire*, MM. Liskenne et Sauvan le présentent comme un homme supérieur et lui font, avec un heureux choix, de nombreux emprunts.

Les hommes de guerre allemands ont beaucoup étudié Puysegur. Dès 1753, il paraissait à Leipsick, en format in-4°, une traduction de l'*Art de la Guerre*, par Fœsch.

A l'hommage qui lui avait été fait, par le fils du maréchal, d'un exemplaire de l'*Art de la Guerre*, le roi Frédéric avait répondu par une lettre où l'on doit remarquer surtout, dans un remerciement poli, un jugement motivé.

« Monsieur », écrivait ce prince le 14 décembre 1748, au marquis de Puysegur, brigadier des armées du roi de France, « j'ai reçu la lettre que vous m'avez écrite en m'adressant les réflexions militaires et politiques de feu M. le maréchal de Puysegur, et je suis d'autant plus sensible à cette marque de votre attention que je fais un cas infini de cet ouvrage. Les maîtres de l'art, même, y trouveront à apprendre, et il caractérise un grand homme de guerre, qui possédait le talent, si rare en ces matières, de savoir rendre les choses avec autant de clarté et de précision qu'il les connaissait et les exécutait. Ces dons heureux semblent héréditaires dans votre maison, monsieur. Je sais que vous marchez dignement sur des traces aussi brillantes, et c'est ce qui rend encore plus flatteur pour moi l'hommage que vous voulez bien me présenter. J'en connais tout le prix, et je vous prie d'être persuadé de ma gratitude et de mon estime.

« Sur ce je prie Dieu qu'il vous ait, monsieur, en sa sainte et digne garde.

« FRÉDÉRIC. »

Un historien de Napoléon Ier, Menneval, rapporte que le grand capitaine, entrant en vainqueur dans les appartements de Potsdam, inoccupés depuis la mort de Frédéric, arrêta ses regards sur un livre resté ouvert à la page où le roi avait cessé sa lecture, sa dernière lecture. C'était l'*Art de la Guerre*. Au nombre des plans défensifs imaginés par le maréchal de Puysegur, un projet d'une campagne entre Seine et Loire se trouve développé dans la seconde partie de l'*Art de la Guerre*. Ce plan a été repris et étudié quarante-quatre ans plus tard dans des circonstances bien critiques de défense nationale. On en trouve le témoignage dans les *Mémoires et Correspondance politique et militaire* du roi Joseph. Joseph-Napoléon écrivait au ministre de la Guerre le 9 février 1814 :

« Il convient de prévoir le cas où l'ennemi, par Montargis et les autres points du canal entre Nemours et Briare, tâcherait de jeter des partis sur la route d'Orléans, afin de marcher contre Paris par les deux grandes communications qui sont à la gauche de la Seine. Dans cette hypothèse, il faut une position qui tienne à la fois les deux routes; cette position me paraît être celle de Longjumeau, indiquée par le maréchal de Puysegur pour une armée, s'il est possible de la resserrer, en occupant comme postes de flanc les points où il appuyait ses ailes. Je vous prie, monsieur le duc, de faire reconnaître cette position. »

Le maréchal de Puysegur exerça une action importante dans toutes les affaires d'Espagne, et se montra aussi bon diplomate qu'homme de guerre dans toutes les missions et négociations dont il fut chargé. Les qualités dont il fit preuve, l'influence qu'il exerça par la sûreté de son jugement, auquel tant de personnages éminents ont rendu hommage, présentent comme très vraisemblable l'intention prêtée au cardinal de Fleury, en 1742, de l'appeler au ministère.

Presque tous les extraits qui précèdent, concernant la carrière du maréchal de Puysegur, ont été empruntés à l'ouvrage de M. le marquis de Blosseville. Nous y renverrons le lecteur, pour plus amples renseignements, afin de ne pas dépasser ici le cadre que nous nous sommes tracé.

III

François-Jacques de Chastenet, chevalier, marquis de Puysegur, vicomte de Buzancy et premier quart-comte de Soissons, seul fils du maréchal de Puysegur, né en 1716 mort en 1782.

LEVÉ et dirigé de bonne heure, par son père, dans l'étude et la pratique des choses militaires, François-Jacques eut bientôt acquis les connaissances nécessaires pour former un homme de guerre et pour devenir capable d'exercer les premiers emplois.

Entré à quinze ans dans le régiment du roi, colonel à vingt-deux ans du régiment d'infanterie du Vexin, blessé à Fontenay et à Sunderhauser, il fut appelé, de 1742 à 1748, aux fonctions d'aide-maréchal général des logis de l'armée de Flandre, et il les remplit avec la plus grande distinction. Quoique mauvais courtisan, sa carrière militaire fut brillante. Maréchal de camp en 1748, lieutenant général en 1759 et grand croix de Saint-Louis en 1779.

il exerça avec honneur tous les commandements dont il fut chargé.

Héritier de la plume comme de l'épée de sa famille, il fit rééditer les *Mémoires* de son aïeul et publier le grand ouvrage de son père : l'*Art de la Guerre*.

Il a laissé plusieurs ouvrages, la plupart anonymes, sur l'art militaire, les sciences et la philosophie, entre autres : *Opérations de l'armée du roi dans les Pays-Bas en 1748*. Cet ouvrage est mentionné dans le *Nouveau Dictionnaire des Anonymes* de M. Edmond de Manne, qui déclare que l'auteur de cet écrit est le marquis de Puysegur, aide de camp du maréchal de Saxe. Il a été aussi reconnu comme l'auteur d'un petit volume paru chez Didot en 1773 et intitulé : *État actuel de l'Art et de la Science militaire de la Chine, tiré des Livres militaires des Chinois, avec diverses Observations sur l'Étendue et les Bornes des Connaissances militaires chez les Européens*. On a encore de lui : *Analyse et Abrégé raisonnés du Spectacle de la Nature*, l'ouvrage de l'abbé Pluche; une traduction des Psaumes et une de l'Imitation de Jésus-Christ.

Dans quelques-uns de ses nombreux écrits, le marquis François-Jacques traite de questions d'organisation sociale et d'économie politique avec des idées à lui, et souvent un peu originales; mais on y trouve des pensées qui marquent un profond esprit d'observation. Pour lui, la condition de propriété du sol en culture est la seule garantie de patriotisme. « Je n'ai jamais vu dans l'histoire, » affirme-t-il, « de grands patriotes sans aucun fonds de terre. »

IV

Armand-Marc-Jacques de Chastenet, chevalier, marquis de Puysegur, premier quart-comte de Soissons, comte de Chessy, vicomte de Buzancy, fils aîné du marquis François-Jacques, né en 1751, mort en 1825.

D'ABORD lieutenant, puis capitaine de cavalerie à la suite de l'ambassadeur de France à la cour de Russie, il fut nommé, à vingt-sept ans, colonel dans l'artillerie. Il prit part au siège de Gibraltar en 1782, comme major de tranchée. Colonel effectif du régiment de Strasbourg pendant plusieurs années, puis officier général, il commandait l'école de la Fère en 1791. En 1792, il donna sa démission, et fut retenu, deux ans, prisonnier à Soissons pour avoir correspondu avec ses frères émigrés. Rendu à la liberté, il se retira dans sa terre de Buzancy. Il fut maire de Soissons de 1800 à 1805.

C'est surtout comme propagateur et champion du magnétisme animal qu'il s'est rendu célèbre. Il fut un des fervents disciples de Mesmer et observa, le premier, le merveilleux phénomène du somnambulisme magnétique (1787). Outre un grand nombre d'articles dans les *Annales et la Bibliothèque du Magnétisme animal*, le marquis de Puysegur a livré entre autres à l'impression : *Mémoires pour servir à l'Histoire et à l'Établissement du Magnétisme animal* (1784); *Rapport des Cures opérées par le Magnétisme animal* (1784); *Du Magnétisme animal considéré dans ses Rapports avec diverses Branches de la Physique générale* (1807); *Recherches, Expériences et Observations physiologiques sur l'Homme dans l'État de Somnambulisme naturel et dans le Somnambulisme provoqué par l'Acte magnétique* (1811).

Dans ses divers écrits sur le magnétisme, le marquis de Puysegur soutient avec courage et loyauté ce qui était, à ses yeux, la plus importante des découvertes; il affirme toujours sa répulsion profonde des erreurs matérialistes. Il présentait les phénomènes magnétiques comme un bienfait de la Providence. « Ce serait offenser Dieu en risquant la santé du malade, » écrivait-il, « que d'user du somnambulisme pour autre chose que pour la guérison... Un magnétiseur et son malade devraient toujours être flanqués d'un prêtre et d'un médecin. »

Homme d'une bienfaisance rare, le marquis de Puysegur n'employa jamais le magnétisme qu'à faire le bien.

V

Pierre-Louis de Chastenet, chevalier, comte de Puysegur, baron de Salvagnac et de Puy-celsi, seigneur de Barrast, lieutenant géné-ral, grand-croix de Saint-Louis, ministre de la Guerre, commandant en chef des pro-vinces d'Artois et de Picardie. Né en 1727, mort en 1807 sans laisser de posté-rité. Il était le fils aîné de Pierre-Hercule, comte de Puysegur, et de Jacquette de Pagès de Beauffort.

D'ABORD enseigne au régiment du Vexin, il en devint colonel en 1749. Le fils du maréchal de Puysegur, mort lieutenant général et cordon-rouge, avait longtemps commandé ce régiment.

Le comte de Puysegur fut successivement colonel des régiments de Vexin, de Forest, de Royal-Comtois et de Normandie, maréchal de camp en 1762, puis comman-deur de Saint-Louis et premier gentilhomme de la Chambre de S. A. S. M. le duc de Bourbon. Il avait fait avec une grande distinction les guerres d'Alle-magne. En 1776, il avait la réputation d'être un des meilleurs généraux d'infanterie et était inspecteur général de cette arme. En 1777, lorsque le gouvernement français songea à faire une descente en Angleterre, il fut chargé par le roi de préparer dans la Flandre les armements nécessaires à ce grand dessein. En 1778, il commandait en second au camp de Paramé en Bretagne, formé dans le même but. En 1779, il fut nommé major général de l'armée d'expédition. Ce fut lui qui fit tous les préparatifs d'embarquement et de débarquement des troupes et de l'artillerie, la rédaction des diverses instructions. Il avait pour aide-major général le comte Maxime de Puysegur, qui fut longtemps son aide de camp et qui est mort lieutenant général et cordonbleu. Ces préparatifs dirigés avec une grande habileté accrurent la réputation du comte de Puysegur.

En 1780, il fut nommé grand croix de Saint-Louis; en 1781, lieutenant général; en 1784, commandant général des provinces d'Aunis, Saintonge et Angoumois. En 1787, il était membre du conseil de la Guerre, qu'il éclairait, dit le général Mathieu Dumas dans ses *Mémoires*, de son expérience et de ses lumières. Il fut choisi, la même année, pour faire partie de l'assemblée des notables dont les membres furent pris parmi la plus haute noblesse du royaume.

En 1788, il fut appelé au ministère de la Guerre. Son premier acte fut le refus de cent mille francs affectés à l'argenterie du ministre.

Il s'opposa de toutes ses forces à la réunion des trois ordres, première violation de la constitution. Il hâta et dirigea le travail de rédaction des ordonnances des différentes armes, donna plus d'ensemble et d'unité au système d'administration de la Guerre.

A sa retraite, nécessitée par la chute du ministère Necker, il eut le commandement général de l'Artois et de la Picardie et l'assurance du collier des ordres à la première promotion. L'Assemblée Nationale déclara qu'il emportait les regrets de la nation, témoignage d'autant plus flatteur que sa ligne de conduite avait toujours été monarchique.

Mis en accusation par la commune de Paris, dans son assemblée générale du 30 novembre 1789, il quitta son commandement et vint se mettre à la disposition de ses accusateurs. Sa défense, présentée par M. de Brughes, fit tomber l'accusation et fut l'éloge de toute sa vie.

Au 10 août, il partagea avec le maréchal de Mailly et le général de Vioménil, maréchal de France sous la Restauration, l'honneur d'être élu par les gentilshommes réunis autour du roi, pour les commander en ce jour de périlleux devoir.

La résolution que prit le roi de se rendre au sein de l'assemblée législative annula tous les dévouements, mais on voit, dans les *Mémoires* de Cléry, qu'en quittant son palais, c'est à MM. de Mailly, de Vioménil et de Puysegur que le roi en confia la défense, hélas! impossible.

Le comte de Puysegur ne quitta la France que lorsqu'il eut perdu tout espoir d'être utile au pays et au roi.

L'impératrice Catherine de Russie lui écrivit alors pour lui offrir l'hospitalité et une pension de mille roubles; le roi de Prusse et le duc de Brunswick lui écrivirent aussi pour lui offrir un refuge et lui témoigner leur haute estime. Rentré en France sous le Consulat, le comte de Puysegur vécut dans la retraite et mourut à Rabastens en 1807.

VI

Barthélemy-Athanase-Hercule de Chastenet, chevalier, vicomte de Puysegur, marquis de Trevien, comte de Montplaisir, baron de Salvagnac et de Puycelsi, co-seigneur avec le roi de la ville de Monestier, deuxième fils de Pierre-Hercule de Chastenet, comte de Puysegur, et de Jacquette de Pagès de Beauffort. Né en 1729, mort en 1803.

L E vicomte de Puysegur entra au service de très bonne heure. Il se trouvait à Prague sous les ordres de Chevert, puis à la belle retraite du maréchal de Belle-Isle en 1742. Il se distingua particulièrement à la prise de Mahon et fut fait chevalier de Saint-Louis à vingt-cinq ans. Il devint successivement colonel du régiment de Vivarais, brigadier des armées du roi, maréchal de camp, inspecteur général d'infanterie et gouverneur de Thionville.

Après huit campagnes et deux blessures, il se retira à Rabastens, pour se consacrer à l'éducation de ses enfants, privés de leur mère dès leur tendre jeunesse.

Il est l'auteur d'un opuscule publié en 1887, devenu très rare aujourd'hui, et intitulé : *Lettre d'un père à son fils sur les usages et les dangers du monde.*

VII

Jean-Auguste de Chastenet de Puysegur, archevêque de Bourges, primat des Aquitaines, député du clergé aux états généraux. Né à Rabastens le 11 novembre 1740, mort à Rabastens le 14 août 1815.

UATRIÈME fils de Pierre-Hercule de Chastenet, comte de Puysegur, Jean-Auguste fut successivement vicaire général de Rouen, sacré évêque de Saint-Omer le 29 juin 1775, transféré à Carcassonne en 1778, et nommé archevêque de Bourges le 6 avril 1788.

Dès le mois de juin 1788, le nouvel archevêque vint passer quelques jours à Bourges. « Pendant toute une semaine, » écrit M. de Clamecy, « les salons de l'archevêché furent toujours remplis. M. de Puysegur avait les formes très agréables, une tenue distinguée et réservée, et cependant point de morgue; cette réserve ne tenait qu'à son habitude du grand monde; il recevait avec une politesse exquise. L'on peut dire que, pendant les quelques mois qu'il est resté parmi nous, il a su se concilier l'estime, la bienveillance et l'affection de tous. »

M. de Puysegur reçoit le pallium le 14 septembre 1788. Le 10 mars 1789, il fait son entrée solennelle à Bourges, et quelque temps après est nommé député du clergé. Le 15 avril, il fait paraître un mandement sur la tenue des Etats, ordonnant pour le 27, jour présumé de l'ouverture, une messe solennelle du Saint-Esprit dans toutes les paroisses du diocèse.

Comme on le sait, les états généraux ouvrirent seulement le 5 mai. Ce fut le signal de la Révolution. Les événements se précipitèrent rapidement. A partir de la prise de la Bastille, l'émeute devient souveraine et la panique universelle dans toutes les provinces. Le 2 septembre, le roi écrit à tous les évêques de France pour les conjurer d'exhorter son peuple au calme et à la concorde. Par son mandement du 7 septembre, l'archevêque de Bourges ordonne des prières publiques dans tout le diocèse, et engage les fidèles à se défier de ces hommes perfides qui, sous prétexte de liberté, tendent au bouleversement des lois les plus essentielles de la société.

Le 24 août 1790, était sanctionnée la constitution civile du clergé. Le pape, déjà pressenti, consulta les évêques de l'assemblée, qui lui répondirent le 30 octobre par l'*Exposition des principes sur la constitution civile du clergé*. M. de Puysegur fut l'un des trente premiers évêques qui la signèrent; cent quatre autres évêques y adhérèrent ensuite. Le 4 janvier 1791, il refusait de prêter le serment. Le 11, les membres du chapitre de la cathédrale de Bourges sont dispersés, la cathédrale est fermée et mise sous scellés.

M. de Puysegur se voit réduit à passer en Angleterre.

Alors commence l'histoire lamentable de l'exil : les prêtres non assermentés sont contraints de quitter la France, les églises sont saccagées et profanées par le culte de la raison. Les événements du 9 thermidor n'apportent qu'une détente momentanée ; bientôt la persécution redouble dans le diocèse de Bourges, les prêtres échappés à l'échafaud ou à la prison sont déportés.

C'est ici qu'apparaît tout entière la charité inépuisable de Mgr de Puysegur pour les compagnons de son exil, et son action ferme et douce au milieu des difficultés créées par les accalmies et les recrudescences soudaines d'une persécution qui, pendant dix ans, ne cessa de déployer les ressources les plus inventives pour arracher la France au catholicisme.

De l'exil, l'archevêque de Bourges ne cesse de correspondre avec un de ses grands vicaires demeuré caché dans le diocèse. Dès la fin de 1791, il avait adressé une lettre publique de protestation aux électeurs convoqués pour lui donner un successeur. Le 11 avril, il envoie aux prêtres demeurés fidèles l'*Instruction* de l'évêque de Langres comme règle de conduite à suivre pendant la persécution. Le 19 juillet 1793, il écrit aux prêtres déportés de son diocèse pour les exhorter à supporter leurs peines, en union avec lui, pour l'amour de N. S. Jésus-Christ. Le 26 juillet 1795, il écrit pour condamner, avec la plupart des évêques, le serment de soumission aux lois de la République ; le 9 août il envoie des instructions sur la conduite à tenir par le clergé vis-à-vis des serments ; le 15 février 1797, il donne de nouvelles instructions sur le serment et l'observation du décadi ; le 12 juillet 1800, il transmet une ordonnance interdisant toute communication avec les évêques intrus.

Toutes ces lettres seraient à citer si la place ne faisait défaut; elles se trouvent en entier dans l'ouvrage de M. le vicomte de Brimont intitulé : *M. de Puysegur et l'Église de Bourges*. C'est à cet ouvrage que j'ai emprunté mes citations.

Dévoué aux institutions monarchiques, mais, avant tout, préoccupé de l'œuvre capitale de la conservation de la foi dans son diocèse, M. de Puysegur sut y maintenir, avec une énergie pleine de prudence et de modération pour les personnes, les principes dont l'abandon eût été, sinon la ruine, du moins l'abaissement de l'Eglise. Il n'hésita pas à se sacrifier lui-même au rétablissement de la paix religieuse, lorsque Pie VII crut devoir réclamer la démission de tous les évêques de France, comme première base du Concordat.

Retiré au milieu des siens, sans avoir voulu accepter de compensation dans la nouvelle réorganisation du culte, il ne cessa, cependant, de se considérer comme appartenant toujours à l'église de Bourges, dont il récita le bréviaire jusqu'à son dernier soupir.

VIII

Jean-Marie-Hercule de Chastenet, comte de Puysegur, lieutenant général, chevalier de Malte et de Saint-Louis, capitaine des gardes de Monsieur, frère du roi. Né en 1758, mort en 1820, aux Tuileries.

JEAN-MARIE-HERCULE fut d'abord connu sous le nom de *chevalier de Puysegur*. Entré de bonne heure au service comme tous ceux de sa famille, il devint capitaine au régiment de Vivarais, puis colonel de dragons, chevalier de Malte et de Saint-Louis, maréchal de camp, lieutenant général.

Il était réputé, à la cour, pour la finesse de son esprit. Il fut de bonne heure distingué par le comte d'Artois, dont il devint l'ami particulier et inséparable. Revenu avec lui en 1814, il fut nommé gouverneur de la 9ᵉ division militaire et capitaine d'une des deux compagnies des gardes du corps du prince. Il mourut en 1820, aux Tuileries.

L'amitié de Monsieur pour lui était si grande qu'au
13 février, rentrant dans ses appartements après avoir
vu expirer son fils, le duc de Berry, assassiné par Louvel,
et passant devant la chambre où son capitaine des gardes
était alité et très malade, il s'arrêta et se tournant vers sa
suite : « Ne faisons pas de bruit, messieurs, » dit-il, « que
Puysegur ignore ce malheur! Il en mourrait. »

Le comte de Puysegur ne survécut que très peu à cette
catastrophe. Il eût été cordon-bleu à la naissance du duc
de Bordeaux, capitaine des gardes du corps du roi et
créé duc à l'avènement du comte d'Artois à la couronne.

IX

*Marie-Jules-Karl de Chastenet de Puysegur,
lieutenant d'infanterie de marine. Né le
2 décembre 1868, mort le 27 juillet 1893.*

FILS aîné de Robert-Charles de Chastenet,
comte de Puysegur, et de Marie-Thérèse-Marthe
de Larsonneau, Karl de Puysegur entra à l'école
militaire de Saint-Cyr le 1er novembre 1888, en sortit
sous-lieutenant au 2e régiment d'infanterie de marine le
1er octobre 1890. Envoyé au mois de mai 1892 en Indo-
Chine, il fut nommé lieutenant au 11e régiment d'infanterie de marine, prit part à la campagne du Siam, où il
se distingua particulièrement, et fut décoré de la médaille du Tonkin. Le 27 juillet 1893, il trouvait la mort
dans les rapides du Mé-Kong avec une partie du détache-
ment placé sous ses ordres.

Les qualités brillantes dont il a fait preuve pendant sa
trop courte carrière, sa conduite héroïque dans la guerre
du Siam, méritent une mention particulière à la suite
des Puysegur qui se sont le plus distingués. Qu'on en

juge, d'ailleurs, par la lettre que le capitaine Adam de Villiers adressait au père de Karl de Puysegur pour lui annoncer le malheur qui venait de le frapper :

« Khône, le 24 août 1893.

« Monsieur,

« Permettez-moi, au nom de tous les officiers du corps expéditionnaire du Haut-Mé-Kong, de vous adresser un témoignage de notre profonde sympathie à l'occasion de la mort de notre camarade de Puysegur.

« Il y avait trois mois que nous vivions côte à côte, supportant les mêmes dangers. Tous, nous avions apprécié son charmant caractère et son cœur généreux. Les soldats l'adoraient, car à la fermeté qui maintient la discipline, il savait allier la douceur et un souci minutieux du bien-être de ses hommes qui l'en faisaient aimer. Aussi quand ce terrible accident est venu jeter la consternation au milieu de nous, ce ne sont pas leurs neuf camarades disparus que les soldats éplorés venaient me demander à grands cris, mais leur lieutenant, leur lieutenant seul.

« La conduite de votre fils, monsieur, avait été si remarquable pendant les opérations que j'ai dirigées sur le Haut-Mé-Kong, que je l'avais proposé pour la croix de chevalier de la Légion d'honneur. Que de fois j'ai été obligé de modérer son ardeur! Il voulait toujours marcher le premier à l'ennemi, et, comme je mettais toujours en première ligne les soldats indigènes, il venait protester auprès de moi contre le rôle de réserve que je faisais remplir à sa troupe.

« C'est en se rendant sur la rive gauche du Mé-Kong, à la poursuite d'un parti de Siamois qui nous avait enlevé un convoi, que votre fils a été victime de l'accident qui nous l'a si brusquement enlevé. La jonque dans laquelle il se trouvait avec quatorze hommes, prise dans un remous du courant, terrible en cet endroit, a coulé brusquement. Quatre soldats seulement ont pu se sauver. Deux des piroguiers eux-mêmes, naturels du pays, ont disparu.

« J'ai fait moi-même inhumer le corps de notre vaillant camarade au pied de cette montagne de Khône, où il nous avait aidés à planter le drapeau de la France. J'ai fait entourer sa tombe et planter une croix où est gravé son nom. Notre intention est de faire élever là un monument à sa mémoire.

« En tous cas, son nom vivra toujours dans nos cœurs et même sur cette terre lointaine, car cette montagne de Khône portera désormais le nom de Puysegur.

« Veuillez agréer, etc.

« Capitaine ADAM DE VILLIERS,

« Commandant la colonne expéditionnaire du Haut-Mé-Kong. »

Buzancy et la Castagne

E recueil de souvenirs serait incomplet si je n'y mentionnais aussi Buzancy et la Castagne : Buzancy qui, dès le commencement du XVIIe siècle, devint la demeure des Puysegur de la branche aînée ; la Castagne, celle des Puysegur de la branche cadette, vers la fin de ce même siècle.

Le nom de Buzancy a été répété bien des fois dans le courant de cette notice, et les Puysegur qui l'ont successivement habité l'ont rendu presque célèbre.

En 1860, j'y ai fait un pèlerinage avec le propriétaire d'alors, mon cousin le marquis Maurice de Puysegur. Tout m'y parlait de l'auteur des *Mémoires,* du maréchal de Puysegur et du marquis de Puysegur, le savant magnétiseur, et je conserve toujours le plus précieux souvenir de ma visite dans cette belle et hospitalière demeure.

Si Buzancy n'est pas sorti de la famille, il n'en est malheureusement pas ainsi de la Castagne, demeure tombée en quenouille, comme autrefois le château de Puysegur, et fermée depuis 1848 pour les descendants du nom. N'ayant connu la Castagne que dans ma toute petite enfance, je ne saurais mieux faire, pour en tracer un tableau, que d'emprunter à mon cousin, le comte Fernand de Rességuier, une des pages charmantes que, dans ses *Récits de Grand-Père*, il a consacrées à ses oncles de Puysegur et à leur vieille demeure de Rabastens.

« On y respirait », écrit-il, « un grand air d'honneur et de fidélité. Les souvenirs du passé glorieux de la famille de Puysegur, joints aux épreuves que la Révolution lui avait fait subir, l'entretenaient dans le sentiment de ce qu'elle se devait à elle-même sans défaillance et sans découragement.

« L'histoire et la physionomie elle-même de la Castagne se trouvaient en harmonie avec les nobles gens qui l'habitaient. La porte haute et cintrée qui donnait accès dans la cour d'honneur, l'ampleur des corps de logis et des dépendances, la terrasse d'où la vue se reposait sur la terre albigeoise et fouillait l'horizon, les vastes salons, l'épaisseur des murs doublés de contre-forts qui baignaient leurs premières assises dans le Tarn et soutenaient les six étages de l'édifice, tout annonçait un manoir seigneurial. C'est là qu'en 1621, durant la contagion qui décimait ses troupes, Henri de Montmorency avait cherché un refuge, lorsqu'il fut obligé de quitter le siège de Montauban, ayant été pris lui-même d'un mal qui mettait sa vie en danger. C'est là aussi que la belle duchesse, grâce aux soins qu'elle lui prodigua, arracha à la mort celui qu'elle ne put sauver plus tard et qui lui coûta tant de larmes ! Les sculptures qu'on voit encore dans les trois souterrains témoignent de ce que fut de tout temps cette demeure privilégiée.

« Les vieux barons de Gragnaigue, le maréchal d'Alègre et les comtes de Rupelmonde l'avaient antérieurement possédée. De plus anciens souvenirs disaient aussi que son nom champêtre de la Castagne lui venait d'un grand massif de châtaigniers, à l'ombre desquels les habitants de Rabastens venaient, le soir, prendre de joyeux ébats avant qu'aucun édifice eût été élevé dans cet endroit.

« Ainsi, le passé, le présent, la légende elle-même, s'accordaient pour ennoblir ce séjour, et l'accueil qu'on y recevait ajoutait encore au respect et à la sympathie dont les Puysegur étaient environnés.

« Entre cette demeure, où revivait tout un passé dont elle avait été témoin, et la contrée environnante, existait un lien traditionnel que les orages essuyés n'avaient pu briser, et, malgré tous les germes de division, de défiance ou de rancune que les fauteurs de discorde avaient tenté de semer, Rabastens aimait encore les Puysegur et prisait à leur valeur ces caractères indépendants, dont la dignité simple, exempte de hauteur, et la bienveillance s'affirmaient en toute occasion. »

TABLE

Avant-Propos.   1

La Maison de Chastenet de Puysegur.   3
   I.   Branche des seigneurs de Puyferrier.   5
   II. Branche des seigneurs de Puysegur et de Camp-
       sègue. 13
   III. Branche des marquis de Puysegur, vicomtes de
       Buzancy. 18
   IV. Branche des comtes de Puysegur, seigneurs de
       Barrast 32
   V. Branche des barons de Puysegur, seigneurs de la
       Coupète 43

Notices biographiques. 45
   I.   Jacques de Chastenet, seigneur de Puysegur, vi-
       comte de Buzancy et d'Aconin 45
   II. Jacques de Chastenet, marquis de Puysegur, ma-
       réchal de France 51
   III. François-Jacques de Chastenet, marquis de Puy-
       segur. 61
   IV. Armand-Marc-Jacques de Chastenet, marquis de
       Puysegur 63

V.   Pierre-Louis de Chastenet, comte de Puysegur,
ministre de la Guerre   65

VI.   Barthélemy-Athanase-Hercule de Chastenet,
vicomte de Puysegur   68

VII.   Jean-Auguste de Chastenet de Puysegur, archevêque de Bourges.   70

VIII.   Jean-Marie-Hercule de Chastenet, comte de
Puysegur   74

IX.   Marie-Jules-Karl de Chastenet de Puysegur. .   76

BUZANCY ET LA CASTAGNE   79

Achevé d'imprimer

le huit décembre mil neuf cent quatre

PAR

ALPHONSE LEMERRE

6, RUE DES BERGERS, 6

A PARIS